Richter
Wetterkunde richtig angewandt

BORDPRAXIS
NAUTIK

WETTERKUNDE RICHTIG ANGEWANDT

Clemens Richter

Pietsch Verlag Stuttgart

Impressum

Einbandgestaltung: Johann Walentek, unter Verwendung eines Dias von Clemens Richter.

Bildnachweis:
Das Foto auf S. 56 unten wurde freundlicherweise vom Seewetteramt Hamburg zur Verfügung gestellt. Alle übrigen Abbildungen stammen aus dem Archiv des Verfassers.

Die Ratschläge in diesem Buch sind von Autor und Verlag sorgfältig erwogen und geprüft, dennoch kann eine Garantie nicht übernommen werden. Eine Haftung des Autors bzw. des Verlages und seiner Beauftragten für Personen-, Sach- und Vermögensschäden ist ausgeschlossen.

ISBN 3-613-50195-3

1. Auflage 1994
Copyright © by Pietsch Verlag,
Postfach 10 37 43, 70032 Stuttgart.
Ein Unternehmen der Paul Pietsch Verlage GmbH & Co.
Sämtliche Rechte der Speicherung, Vervielfältigung und Verbreitung sind vorbehalten.
Satz: Fotosatz Schönthaler, 71638 Ludwigsburg
Druck: Maisch + Queck, 70839 Gerlingen
Bindung: K. Dieringer, 70839 Gerlingen

Printed in Germany

Inhalt

Zur Einführung

Ich will mich nicht dafür entschuldigen, das tausendunderste Buch über Wetterkunde für Yachtsegler zu schreiben. Alle Bücher über Wetterkunde haben ihre Berechtigung, solange Segler nur hineinschauen und davon profitieren.

Doch die meisten Bücher erschlagen den Leser mit einer Fülle von theoretischen Erläuterungen und Hintergrundinformationen, die nur verwirren und dem unmittelbaren Verständnis nicht dienlich sind. Beim Leser überwiegt letztlich der Eindruck, daß der Autor ein verdammt beschlagenes Genie sein muß, hat der Leser selbst doch kaum etwas verstanden.

Meteorologielehrer werden aufstöhnen – sofern sie sich herablassen, einen Blick in dieses Buch zu werfen. Ich gedenke, jede Art von theoretischem Ballast über Bord zu »entsorgen«. Auf Wetterphysik, soweit sie nicht unmittelbar der praktischen Vorhersage dient,

habe ich verzichtet. Wissenschaftliche Zahlenspielereien, Tabellen und Diagramme wird man in diesem Buch vergebens suchen.

Meteorologische Vorkenntnisse sind natürlich von großem Vorteil. Aber auch wenn der Segler das meiste davon wieder vergessen hat, wird es ihm nicht schwerfallen, die folgenden Ausführungen in der Praxis anzuwenden. Dafür notwendiges Grundwissen wird noch einmal erläutert.

Mit diesem Buch kann man Wetterkunde unmittelbar anwenden. So wird man vielleicht motiviert, sich an anderer Stelle mehr Hintergrundwissen zu verschaffen. Das wird das eigene Urteil nur sicherer machen. Vollkommene Sicherheit der Wettervorhersage wird es freilich niemals geben. Doch wird man lernen, die Möglichkeiten, die in einer Wettersituation stecken, gut abzuschätzen.

Auch wenn er keine Wetterberichte auffangen kann, kann der Skipper aufgrund seiner eigenen Beobachtung eine persönliche Wetterprognose treffen. Er wird das Barometer im Auge behalten, auf Änderungen von Richtung und Stärke des Windes achten und auf Erscheinungen des Himmels und der Wolken. Auch Änderungen der Luftfeuchte wird er nicht unbeachtet lassen. Gewissenhafte Wetterbeobachtung vorausgesetzt, wird man sich auf einem begrenzten Küstentörn kaum von schlechtem Wetter überraschen lassen. Durch richtige Wetterbeurteilung wird der Schiffsführer rechtzeitig vor ungünstig drehenden Winden und hereinbrechendem schlechtem Wetter gewarnt sein und einen geschützten Hafen oder Ankerplatz aufsuchen können.

Ist schlechtes Wetter auf See unvermeidbar, so wird die eigene Wetterprognose dem Segler genug Zeit verschaffen, um Schiff und Crew in aller Ruhe auf das Kommende vorzubereiten und genügend Seeraum zwischen sich und die nächste Leeküste zu schaffen.

Vorhersagefaktoren

Die wesentlichsten Faktoren bei der Vorhersage des Seewetters sind die folgenden:
a) Windrichtung und -stärke,
b) Luftdruck und -temperatur,
c) Aussehen und Bewegung der Wolken,
d) Luftfeuchtigkeit – unmittelbar über dem Wasser weniger signifikant, da die Luftfeuchtigkeit hier ohnehin sehr hoch liegt.

Dabei darf man diese Faktoren niemals isoliert betrachten. Immer stehen sie in unmittelbarer Wechselbeziehung zueinander. Die Veränderung der einen Erscheinung bedingt die Veränderung der anderen. Nur aus dem Gesamtbild lassen sich zuverlässige Rückschlüsse auf die Wetterentwicklung ziehen. Doch ist das leicht getan, wenn man einige typische Wettersituationen zugrunde legt. Dazu später.

Die gravierendsten Wetterfaktoren hinsichtlich ihrer Auswirkung auf das Schiffsverhalten und die Schiffsführung sind:
a) Windrichtung und -stärke,
b) Sichtweite.

Hinsichtlich des Wohlbefindens der Besatzung kommen die Faktoren:

a) Art und Intensität der Niederschläge und

b) die Temperatur hinzu.

Die Wetterdienste

Segler sind so abhängig vom Wetter wie Eisverkäufer oder Rheumakranke. Dennoch hört man auch unter ihnen Bemerkungen wie:

»Die Wettervorhersagen sind so zuverlässig geworden – wozu da noch umständlich eigene Wetterkenntnisse aneignen? Man muß nur regelmäßig den Seewetterbericht hören.«

Dabei vergessen jene Wassersportler, daß sie oft genug am Hafen stehen und sich wundern, weil die Wettersituation so gar nicht zu der Vorhersage zu passen scheint. Jetzt möchte man beurteilen können, ob es nur ganz normale Abweichungen vom Wettergeschehen sind, ob es sich um die etwas differenzierten Vorboten des vorhergesagten guten Wetters handelt, oder ob man vielleicht die Anzeichen einer nicht angesagten Wetterverschlechterung beobachtet.

Die Meteorologen können heute die Entwicklung der allgemeinen Wetterlage genau vorhersagen. Dennoch bleibt auch ihnen oft zweifelhaft, welches örtliche Wetter eine Gesamtwetterlage in den verschiedenen Vorhersagebereichen genau bringen wird. Letztlich müssen sich die Meteorologen dann für eine naheliegende Vorhersage entscheiden.

Wer jetzt über praktische Wetterkenntnisse verfügt, kann anhand der Wetterzeichen durchaus abschätzen, ob die Entscheidung zu dieser Vorhersage richtig war, oder ob sich eine andere, vielleicht ähnliche Wettermöglichkeit durchsetzen wird.

Ein Wassersportler kommt deshalb um Grundkenntnisse der Meteorologie nicht herum! Das Wissen um Wettervorgänge gehört unbedingt zur aktiven seemännischen Sicherheit.

Doch nur die Meteorologen der Wetterstationen kennen die gesamte Wetterlage. Nur sie wissen um das augenblickliche Wettergeschehen überall in Europa und sehen dessen Entwicklung und Verlagerung auf andere Gebiete. Deshalb gehört das Abhören des Seewetterberichtes zu den unverzichtbaren Schritten einer jeden Törnvorbereitung!

Die eigene Wetterbeurteilung

Grundlage jeder eigenen Wetterbeurteilung ist die Kenntnis der Wetterlage. Das bedeutet, wir müssen über die augenblicklichen Positionen und Bewegungen der Hoch- und Tiefdruckgebiete Bescheid wissen. Ich glaube, daß einem ernsthaften Segler oder Motorbootfahrer die Wetterlage immer bewußt ist, auch wenn er gerade nicht beabsichtigt auszulaufen.

So lassen sich – wie wir noch sehen werden – allein durch die Beobachtung von Wolken, Wind, Luftdruck, Luftfeuchte und anderen Faktoren Rückschlüsse auf die Wetterlage ziehen. Das geht zwar auch ohne Kenntnis der Gesamtwetterlage, gibt dann jedoch nur einen groben Überblick.

Doch auch mit dem neuesten Wetterbericht muß ich das Wetter am Hafen mit der erhaltenen Information in Beziehung bringen. Nur mit eigenen Kenntnissen kann ich beurteilen, wie zuverlässig die Voraussage für den angesagten Zeitraum ist. Nur so erkenne ich, ob beispielsweise die angesagte Kaltfront, die mir gute Sicht und den erhofften raumen Wind bringen soll, bereits durchgezogen ist, oder ob ich noch auf sie warten muß – und auf die damit verbundene Gefahr von schweren Böen oder gar Gewittern.

Kurzgefaßt

Die Informationen der Wetterdienste werden erst durch eigene Wetterkenntnisse voll ausgeschöpft und zu dem lokalen Wetter in die richtige Beziehung gebracht.

Die Seewetterdienste

Dem Segler stehen verschiedene Vorhersagedienste zur Verfügung. Diese Dienste haben das Schema ihrer Ansage, die Ansagezeit und die Art ihrer Erreichbarkeit über die Jahre immer wieder geändert. Deshalb wird hier auf aktuelle Telefonnummern, Frequenzen, Zeiten und Systeminformationen verzichtet.

Einige der wichtigsten Stationen für Seewetterberichte sind nach wie vor: Rügen Radio, Kiel Radio (geht demnächst in Rügen Radio auf), Norddeich Radio, Deutschlandfunk. Sämtliche Wetterberichte ausstrahlenden Stationen mit ihren Zeiten und Frequenzen sind im Merkblatt »Wetter- und Warnfunk« des BSH verzeichnet, das über die Seekartenvertriebsstellen erhältlich ist.

Die Wetterkarte

Vor dem Auslaufen empfiehlt es sich, die oftmals am Hafen ausgehängte Wetterkarte zu studieren. Auf einen Blick übersieht man die gesamte Wetterlage.

Der allererste Blick allerdings sollte dem Datum und der Uhrzeit auf der Wetterkarte gelten. Die schönste Hochdrucklage nützt mir nichts, wenn sie am Wochenende vor drei Wochen stattfand. Dann ist die stark vereinfachte Wetterkarte aus der Tageszeitung oder aus den Fernsehnachrichten allemal aufschlußreicher.

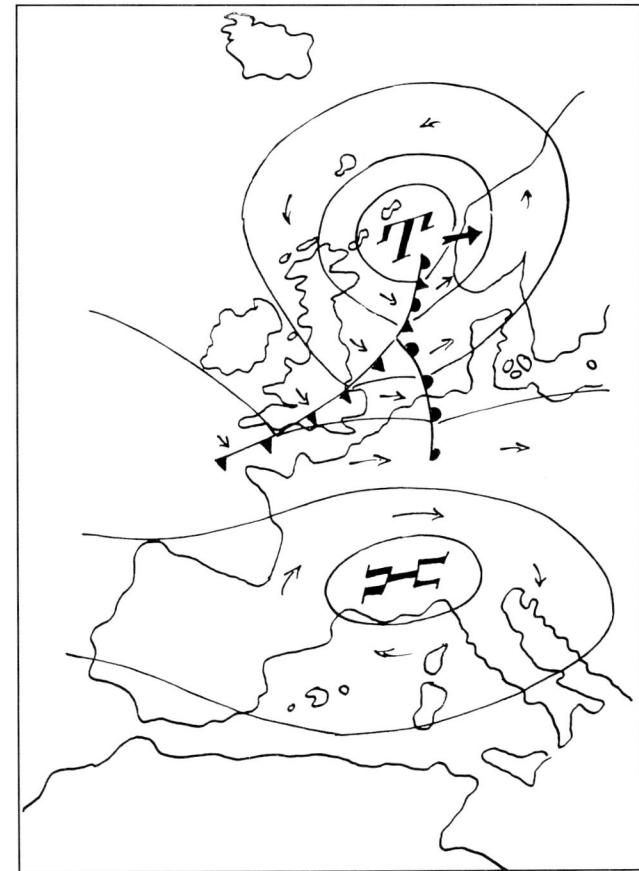

Vereinfachte, aber für die wesentlichen Schlußfolgerungen ausreichende Darstellung einer Wetterlage.

Vieles zur Interpretation von Wetterkarten ergibt sich aus den folgenden Kapiteln. Getreu unserer Devise der Einfachheit wollen wir uns hier nicht mit der Erläuterung der zahlreichen Wettersymbole und Wetterschlüssel aufhalten.

Hier folgen nun einige Hinweise, die ein sofortiges Interpretieren jeder ausgehängten Wetterkarte ermöglichen, ohne alle Stationsschlüssel zu entziffern und ohne detaillierte Analyse.

Für die aktuelle Vorhersage ist vor allen Dingen die *Verlagerungsrichtung der Druckgebilde* wesentlich. Diese Richtung ist durch einen Pfeil mit Geschwindigkeitsangabe in Kilometern oder Knoten im Zentrum des Druckgebildes gekennzeichnet.

Die *Fronten* sind durch mehr oder weniger gebogene Linien mehr oder weniger quer zu den Isobaren gekennzeichnet. Rundungen an diesen Linien bedeuten *Warmfront*, Zacken *Kaltfront*. Rundungen und Zacken zeigen immer in Zugrichtung der entsprechenden Front.

Auch die *Windrichtung* läßt sich leicht aus der Wetterkarte

entnehmen. Auf freier See und in der Höhe weht der Wind immer nahezu parallel zu den Isobaren linksherum um das Tiefdruckgebiet, also gegen den Uhrzeigersinn, und rechtsherum um das Hochdruckgebiet.

In engen Küstengewässern und über Land weht der Wind etwa 30° mehr linksgedreht zum Isobarenverlauf – immer aus dem Hoch heraus und ins Tief hinein.

Bei großmaßstäblichen Wetterkarten sind auch die *Stationsschlüssel* abgebildet. An den Windpfeilen und der Anzahl ihrer Federn erkennt man *Windrichtung* und *Stärke* bei der Wetterstation, der mehr oder weniger ausgefüllte Kreis zeigt den *Grad der Bedeckung*.

Je enger die *Isobaren* beieinander liegen, desto stärker weht der Wind. In den Wetterkarten wird meistens nur jede fünfte Isobare eingezeichnet. Von Isobare zu Isobare entspricht der Druckunterschied dann fünf hPa (= Hektopascal, frühere Maßeinheit mbar = Millibar). Verteilt sich ein Druckgefälle von etwa 20 hPa – entsprechend vier Isobaren – über ein Gebiet so groß wie die Nordsee, so bedeutet das dort Windstärke sechs. Drängen sich dort mehr als vier Isobaren, weht es zwischen den Isobaren stärker. Sturmtiefs erkennt man sofort an den vielen eng beieinander liegenden Isobaren.

Winddrehungen und *Böen* treten vorwiegend an Fronten auf. Besonders an der Kaltfront ist die Winddrehung an den meist stark geknickten Isobaren deutlich zu erkennen.

Regen tritt meistens in Verbindung mit Fronten auf und zwar:

a) Niesel bis Dauerregen an Warmfronten, in der Wetterkarte also bei der Linie mit den halbrunden Markierungen, und

b) Schauerwetter bei und hinter den Kaltfronten, also bei der Linie mit den gezackten Markierungen.

Wenn man die Drehrichtung der Druckgebilde bedenkt, Tief linksherum, Hoch rechtsherum, wird man anhand der Isobaren leicht auf einen Blick feststellen können, ob die Luftmassen aus südlichen oder nördlichen Gefilden kommen. Lufttemperatur und Feuchtigkeit sind dann entsprechend.

Eine südwestliche Luftströmung, die beispielsweise von der französischen Atlantikküste her kommt, wird verhältnismäßig warm und feucht sein. Entsprechend ist mit Niederschlägen und mäßiger Sicht zu rechnen.

Luft aus dem Nordosten, also aus Skandinavien, wird dagegen kalt und trocken sein. Entsprechend wird es sonnig sein bei guter Sicht.

Die *Tiefs* wandern meist in der ungefähren Richtung, in der die Isobaren im Warmluftsektor, das heißt im Gebiet zwischen Warmfront und Kaltfront, verlaufen.

Kurzgefaßt

Eine Wetterkarte offenbart die Wetterlage auf einen Blick durch die Lage der Hoch- und Tiefdruckgebiete und durch den Verlauf der Isobaren und Fronten. Die Hauptwindrichtung folgt dem Verlauf der Isobaren rechtsherum ums Hoch, linksherum ums Tief. Je enger die Isobaren, desto stärker der Wind.

Hoch- und Tiefdruckgebiete

Eine der wichtigsten Grundlagen für die Wettervorhersage ist die *Zyklonentheorie*. *Zyklon* ist die klassische Bezeichnung für Tiefdruckgebiet.

Die Entstehung eines Tiefs

Zwischen den Ostwinden der Polarzonen und den Westwinden der gemäßigten Breiten liegt die *Polarfront*. Dort im Atlantik entstehen die meisten europäischen Tiefdruckgebiete.

Feuchtwarme, subtropische Luftmassen strömen von Westen nach Osten. Sie reiben sich an kalter, in Gegenrichtung nach Westen strömender Polarluft. Infolge der Reibung bilden sich *Wellenstörungen*. Dort beginnen die Luftmassen eine langsame Kreisbewegung umeinander. Dabei leckt die agressivere Kaltluft wie mit einer Zunge nach Süden. Umgekehrt schiebt sich Warmluft in einer Ausbeulung nach Norden. Deutlich beginnt hier ein riesiger Luftwirbel.

Durch die immensen Aus-

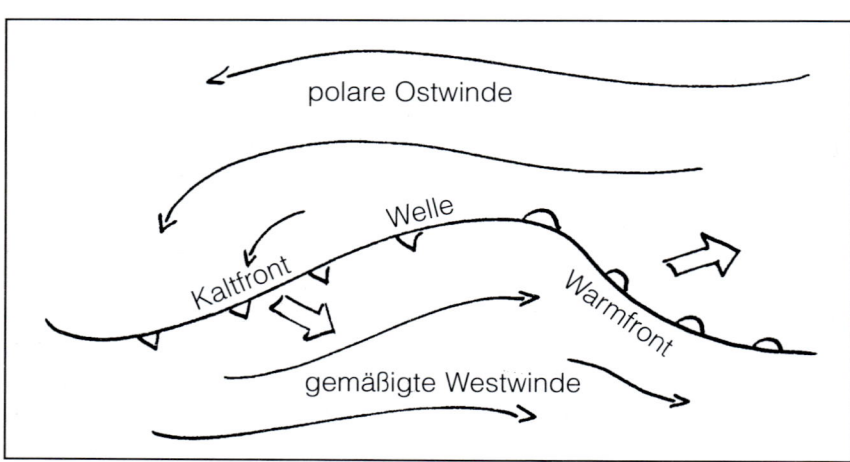

Eine Wellenstörung

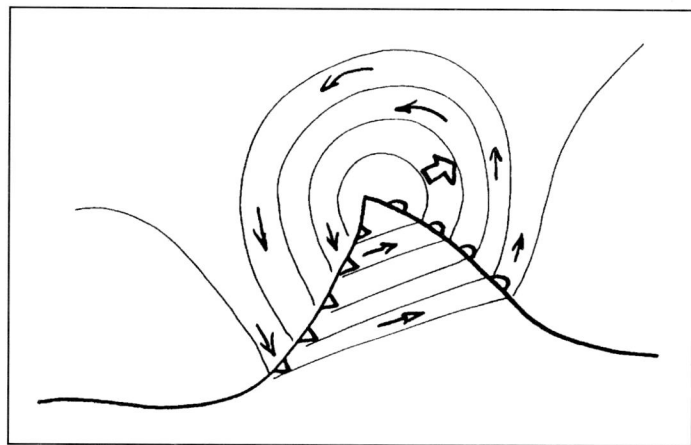

dehnungen dieser Luftmassen bleiben auch ausgewachsene Tiefs in diesem Anfangsstadium eines Wirbels stecken. Die Luftteilchen beispielsweise der Kaltfront werden vielleicht insgesamt nur zur Hälfte um den Kern des Tiefs herumgeschwenkt, ehe das Tief sich wieder auffüllt.

Es gibt aber Ausnahmen: dazu gehört der tropische Wirbelsturm. Auch er ist ein Tiefdruckgebiet, jedoch ohne Fronten. Hier drehen sich die Luftmassen im Laufe des Lebens eines solchen Druckgebildes teilweise mehrmals um den Kern.

Sobald eine Wellenstörung ringförmig geschlossene Isobarenverläufe aufweist, ist ein Tiefdruckgebiet entstanden.

Kurzgefaßt

Im Nordatlantik, an der sich ständig verändernden Grenzlinie zwischen subtropischer Warmluft und polarer Kaltluft, entstehen die atlantischen Tiefs, die vorwiegend unser Wetter bestimmen.

Vorgänge im Tiefdruckgebiet

Die in den nächsten Kapiteln beschriebenen Vorgänge innerhalb der Tiefdruckgebiete entsprechen der sogenannten *Fronten-Theorie*. Sie ist eines der Hauptwerkzeuge der modernen Wetterprognose. Die Tiefdruckgebiete mit ihren

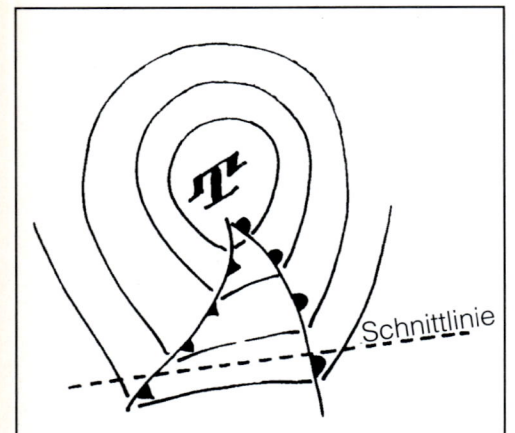

Modelltief mit Schnittlinie

Fronten verhalten sich stets ähnlich. Deshalb muß man die Fronten-Theorie als notwendiges nautisches Handwerkszeug betrachten.

Bei unserem folgenden Beispiel handelt es sich um ein klassisches *Modell-Tief*, das von Westen nach Osten über uns hinwegzieht.

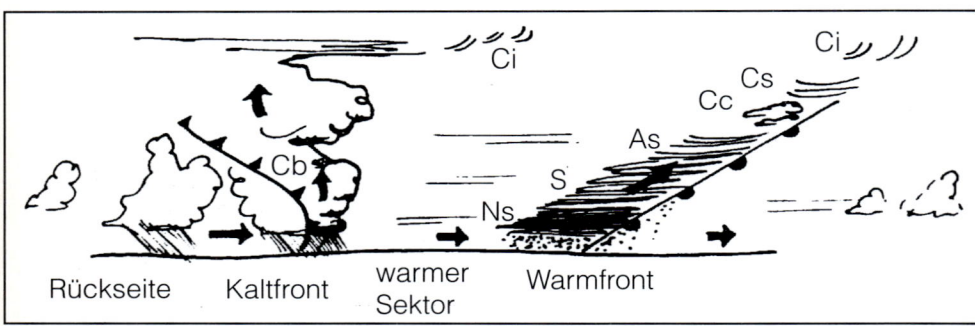

Schnitt durch das Modelltief von der Seite gesehen

Durchzug eines Tiefs

An der *Kaltfront* schiebt sich die kalte, schwere Polarluft unter die leichtere Warmluft. Dabei drückt sie die Warmluft schnell nach oben. Durch rasche Abkühlung und Kondensierung der in der Warmluft enthaltenen Feuchtigkeit entstehen Schauer und Gewitter.
Das Wetterkartensymbol für eine Kaltfront sind scharfe Ecken an der Frontenlinie.

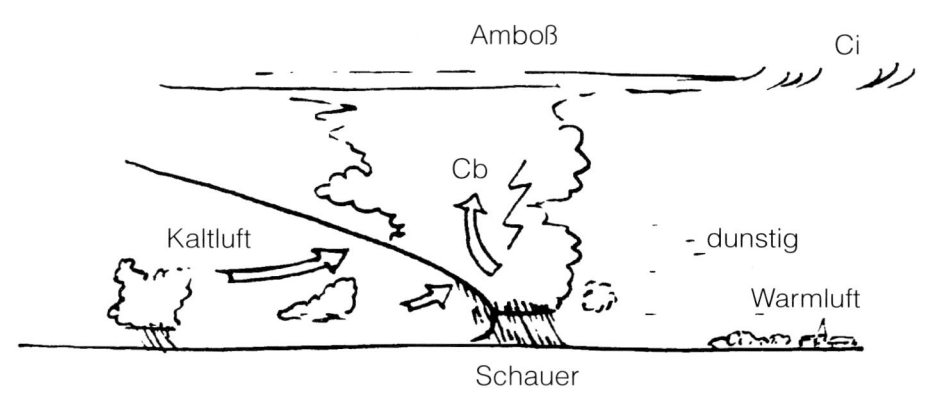

Amboß   Ci

Kaltluft   -_dunstig

Cb   Warmluft

Schauer

Durchzug einer Kaltfront. Die Kaltluft schiebt sich unter die leichtere Warmluft

Die Warmluft wird von der Kaltfront gewissermaßen vor sich hergeschoben. An der *Warmfront* schiebt sich die Warmluft an den vor ihr liegenden kühleren Luftmassen langsam empor. Dabei kühlt die Warmluft ab und die Feuchtigkeit kondensiert zu Wolken. Bei weiterer Zufuhr feuchter, warmer Luft entstehen Niederschläge, die als Niesel und Dauerregen niedergehen. Das Symbol für Warmfront sind Rundungen an der Frontenlinie.

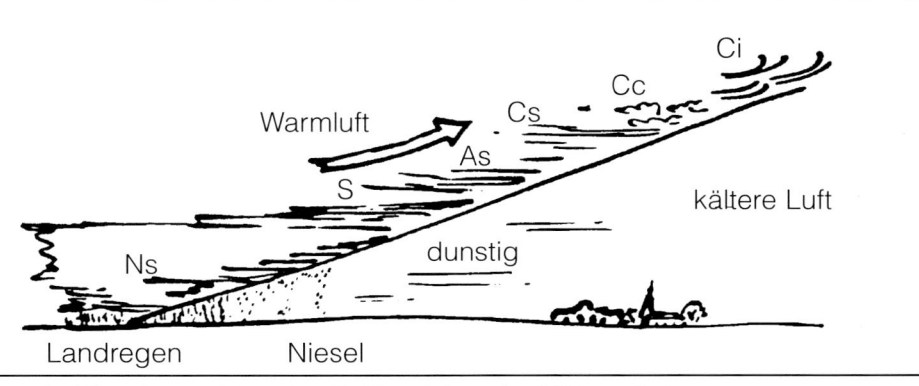

Ci

Cc

Cs

Warmluft   As

S

Ns   dunstig   kältere Luft

Landregen   Niesel

An der Warmfront schiebt sich die Warmluft an den kühleren Luftmassen empor

Da die Kaltfront schneller zieht als die Warmfront, holt sie die Warmfront stückweise ein. An der *Okklusionsfront* hat die Kaltfront die Warmfront erreicht. Dort wird die Warmluft vom Erdboden abgehoben. Dabei verschmelzen die typischen Wettererscheinungen der Fronten. Die Fronten sind häufig schon in diesem Zustand, wenn sie die europäischen Küsten erreichen. Die Fronten okkludieren zuerst in Zentrumsnähe des Tiefs, dann immer weiter außen. Dadurch wird der Warmluftsektor immer schmaler.

Typisch für Okklusionsfronten sind unstete Winde, starke Bewölkung mit Stratus und eingelagerten Cumuluswolken und heftige Niederschläge. Dauerregen wird von eingelagerten Schauern verstärkt. Häufig gibt es Gewitter.

Da sich die Wettererscheinungen von Warm- und Kaltfront in Okklusionen addieren, sind sie für Segler besonders unangenehm. Bei angesagter Okklusionsfront darf man sich auf einen nassen Törn gefaßt machen.

Das Symbol für die Okklusionsfront sind abwechselnde Ekken und Rundungen an der Frontenlinie.

Leider werden die genauen Bezeichnungen der Fronten in den Wetterberichten oft nicht erwähnt. Stattdessen hört man dann allgemeine Formulierungen wie *Störung, Front* oder *Ausläufer.* Hier hilft ein Anruf beim Seewetteramt in Hamburg. Dort

Eine Okklusionsfront

wird man auch gern erläutern, wie wetterwirksam die Fronten sind. Allerdings ist diese Auskunft heute nicht mehr kostenlos.

Nicht immer müssen Fronten so erscheinen wie beschrieben. Sie können auch sehr abgeschwächt, beispielsweise ganz ohne Niederschlag auftreten.

Bei der Abschätzung der Zuggeschwindigkeit von Tiefdruckgebieten kann man von einer durchschnittlichen Geschwindigkeit von 15 bis 20 Knoten ausgehen. Es gibt allerdings auch *Schnelläufertiefs*, die 50 Knoten erreichen. Im Extremfall können sie binnen 24 Stunden vom östlichen Atlantik oder aus dem Nordmeer bis in die Ostsee gelangen.

Die Kenntnis der Zuggeschwindigkeit eines Tiefs ist wichtig. Dann kann man abschätzen, wann das damit verbundene Wetter die heimatliche Küste erreicht.

Kurzgefaßt

Erst kommt die langsamere Warmfront. Dort gleitet warme Luft an kühlerer Luft langsam in die Höhe, kondensiert und regnet ab als Landregen.

Darauf folgt die schnellere Kaltfront. Die Kaltluft schiebt sich unter die Warmluft, drückt diese in die Höhe und bringt sie zum Kondensieren und Abregnen als Schauer.

An der Okklusionsfront hat die Kaltfront die Warmfront eingeholt. Beide Wettererscheinungen vereinigen sich.

Der Segler im Tief

Was erwartet den Skipper eines Fahrtenkreuzers in den verschiedenen Wetterzonen des Modell-Tiefs? Woran kann er erkennen, wo im Tief er sich befindet und mit welchem Wetter er demnach auf seiner weiteren Route rechnen muß?

Auf den folgenden Seiten werden die Wettererscheinungen bei Durchzug des klassischen Tiefs beschrieben. Das Tief wird von Westen nach Osten ziehen und der Kern nördlich des Beobachters passieren. So treten Tiefs in Mitteleuropa am häufigsten auf.

Annäherung der Warmfront

Zeichen für die Annäherung einer Warmfront sollte man immer ernst nehmen. Das typische Anzeichen dafür ist hohe Cirrusbewölkung, und das Barometer beginnt zu fallen. Der Wind wird mit Annäherung der Front langsam auf südwestliche Richtung drehen. Dabei frischt er auf, je näher die Front rückt. Die Luftfeuchtigkeit steigt, es wird wärmer. Die Cirrusbewölkung verdichtet sich zu Cirrostratus. Diese senkt sich immer weiter ab, wird zu Alto-stratus und zu Stratus. Die Sicht verschlechtert sich immer mehr. Schließlich beginnt es aus Nimbo-stratus zu nieseln, dann setzt Dauerregen ein.
Der Durchzug der Warmfront steht jetzt unmittelbar bevor. Es herrscht niedriger, teils aufliegender Nimbo-stratus, schlechte Sicht, gleichmäßiger, dichter Regen, hohe Luftfeuchtigkeit, auffrischender Wind etwa aus Südwest.
Meist bewegen sich Warmfronten mit der Geschwindigkeit eines schnellen Frachters oder Rennkatamarans.

Durchzug der Warmfront

Es regnet anhaltend und gleichmäßig, alles ist grau. Die Wolken reichen oft bis zur Wasseroberfläche. Schon mäßig hohe Steilküsten verschwinden in den Regenwolken.
Bei Durchzug der Warmfront steigt die Temperatur etwas an, und der Wind dreht deutlich nach rechts, etwa von Südwest auf West. Der Regen läßt nach und hört im Sommer ganz auf. Im Sommer reißt auch die Bewölkung auf, aber es bleibt dunstig. Die Luftfeuchtigkeit bleibt hoch, das Barometer stagniert. Man befindet sich jetzt im *warmen Sektor.*

Im warmen Sektor

Die Silhouetten entfernter Schiffe verschwinden im Dunst. Die Sonne scheint. Der Wind weht gleichmäßig aus westlicher Richtung. Die Luftfeuchtigkeit ist relativ hoch, im Sonner ist es schwül. Sonst läßt es sich angenehm segeln.
Man sollte sich aber darüber klar sein, daß inzwischen – schneller als vorher die Warmfront – die Kaltfront heranzieht.

In der kalten Jahreszeit bleibt es im warmen Sektor oft bedeckt. Es nieselt oder schneit dann etwas.

Kurzgefaßt

Dunstig, schwül, im Winter Niesel oder leichter Schneefall, Barometer bleibt gleich.

Annäherung der Kaltfront

Bei besserer Sicht (selten im warmen Sektor) kündigt sich die Kaltfront mit Hakencirrus und bald einer Reihe von Cumulustürmen an. Zumeist ist die Sicht aber schlecht. Dann wird man die quellenden Cumulo-nimbus-wolken der Kaltfront erst kurz vor ihrem Eintreffen bemerken. Unversehens verdunkelt sich der westliche Himmel. Nachts wetterleuchtet es, Donner grollt.
Im Sommer, aber oft auch in den kühleren Jahreszeiten, treten an der Kaltfront Gewitter auf. Dann spricht man von einer *aktiven Kaltfront*. Steht ein Gewitterturm neben dem anderen aufgereiht, so spricht man von einer *Gewitterfront*. Diese Front bewegt sich nun in mehreren hundert Kilometern Breite auf den Betrachter zu (siehe Kapitel »Frontengewitter«). Es muß mit starken Böen und heftigen Schauern und auch mit Hagel gerechnet werden.

Kurzgefaßt

Zumeist schlechte Sicht, der Himmel verdunkelt sich. Im Sommer häufig Gewitter mit starken Böen und heftigen Schauern.

Durchzug der Kaltfront

Bei Durchzug der Kaltfront wehen heftige Schauerböen. Oft treten Gewitter auf. Beim Passieren der Front dreht der Wind schlagartig nach rechts, oft von West auf Nordwest. Die Lufttemperatur sinkt, und das Barometer steigt unmittelbar. Nach Durchzug der Cumulo-nimbus – sie ist oft viele Meilen tief – klart es schlagartig auf. Man befindet sich auf der *Rückseite*.

ziehen und kann ihnen möglicherweise ausweichen.

Kurzgefaßt

Schauerböen, windig, gute Sicht, steigendes Barometer.

Kurzgefaßt

Cumulo-nimbus, Schauerbö, auch Gewitter, starker Windsprung nach rechts, Barometer steigt.

Auf der »Rückseite«

Nun erlebt man *Rückseitenwetter*: Die Sonne scheint über eine weite, schaumgekrönte See. Die Kimm ist messerscharf. Die Küsten erscheinen wie frischgewaschen in prallen Farben. Von Nordwesten her wandern dicke Cumuluswolken. Aus ihren dunklen Unterseiten gehen Schauerböen nieder.
Später flaut der Wind langsam ab. Es bleibt aber noch länger böig. Je weiter sich die Front entfernt, desto geringer wird die Schauertätigkeit. Man sieht die Schauer von weitem heran-

Gefährlicher Trog

Werden im Wetterbericht die Begriffe *Trog* oder *Trogtief, Teiltief* oder *Randtief* verwendet, sollte der Segler aufhorchen. Es handelt sich zumeist um gefährliche, stürmische Gebilde. Sie ziehen bis zu 50 Knoten schnell. In ihrem Inneren herrscht meist das schlechteste Wetter innerhalb des gesamten Tiefs.
Besonders Tröge haben die Eigenschaft, nach scheinbarer Wetterbesserung unvermittelt mit heftigen Schauern und schweren Sturmböen loszubrechen.
Tröge sind oft schwer vorherzusagen. Oftmals kündigen sie sich nur an, indem das Wetter nach dem scheinbaren Durchgang der Kaltfront ganz anders reagiert als erwartet: Man erlebt etwas Frontenähnliches, schöpft aber noch keinen Verdacht. Das

Tief mit Trog

Wetter äußert sich eben nicht immer wie nach dem Lehrbuch. Man erwartet eigentlich die Rückseite. Es sollte aufklaren, der Wind sollte böig rechtsdrehen, Schauer sollten aus Cumuluswolken niedergehen und der Luftdruck sollte deutlich steigen. Stattdessen kommt zwar die Sonne durch, die Sicht bleibt aber mäßig und der Wind läßt nach (*Flautefront*). Dabei dreht er zurück (nach links), und der Luftdruck fällt.

Man merke sich den rückdrehenden (linksdrehenden) Wind und den fallenden Luftdruck: Diese beiden Beobachtungen sind immer alarmierend!

Die größte Gefahr dabei ist, daß diese Zeichen über der scheinbaren Wetterbesserung übersehen werden. Womöglich refft man aus, zieht sich das Ölzeug vom Leibe und reißt alle Luken auf.

Schneller, als man wieder sturmklar machen kann, wird der Trogsturm hereinbrechen. Wenn man Glück hat, erkennt man ihn noch rechtzeitig am rasch dunkler werdenden Himmel oder im letzten Moment an der heranziehenden weißen Gischt der Bö.

Die Kaltfront kommt bei einem Trog meist mit tückischer Verzögerung, der typischen »Ruhe vor dem Sturm«. Bei derartigen Wetterzeichen sollte man auch berücksichtigen, daß ein Trogsturm bis 90 Grad rechtsgedreht einsetzen kann.

Kurzgefaßt

Tröge sind gefährliche Sturmgebilde. Annäherung: Statt der erwarteten Rückseite bleibt es diesig, der Wind flaut ab und dreht zurück, das Barometer fällt weiter.

Trogstürme brechen plötzlich los unter stark rechtdrehenden Böen.

»Tiefdruckfamilien«

Leider kündigt sich häufig nach Durchzug der Kaltfront schon die nächste Warmfront mit hohen Schichtwolken an. Statt klarem, blauem Himmel sehen wir auf der Rückseite bereits wieder Cirro-cumulus oder Cirro-stratus.

Zu den in Nordeuropa leider typischen Wettererscheinungen zählen die *Tiefdruckfamilien*. Das heißt, durchziehende Tiefs treten nicht einzeln auf, sondern in Serie. Oft sind es Randtiefs, die um ein Zentraltief über dem Nordmeer herum»geschaufelt« werden und dabei eins nach dem anderen über unsere Küsten ziehen.

Wenn sich auf der Wetterkarte eine solche Familie von Tiefs ankündigt, kann man damit rechnen, daß die nächsten zwei Wochen im Wechsel zwischen Warmfront, Kaltfront und Rückseiten vergehen werden, also mit Regen, Wind und Schauern und kurzen Zwischenaufheiterungen.

Erfahrungsgemäß erst nach diesen etwa zwei Wochen darf man mit (vorübergehender) Wetterberuhigung rechnen. Oft schiebt sich dann ein Hochdruckkeil von den Azoren ein.

Das braucht nur ein Zwischenhoch zu sein. Aber mit etwas Glück stabilisiert sich das Hochdruckwetter und beschert Sonne und leichten Wind – Spinnakerwetter.

Befindet man sich unter einer *Hochdruckbrücke* zwischen zwei großräumigen Hochs, kann man von Glück sprechen. Hochdruckbrücken sind ein Zeichen meist beständiger Hochdruckwetterlage.

Kurzgefaßt

Folgt dem Tief gleich ein ähnlich aussehendes nächstes, handelt es sich wahrscheinlich um eine ganze Tiefdruckfamilie. Meist dauert es etwa zwei Wochen, bis alle »Mitglieder« durchgezogen sind und sich Hochdruckeinfluß stabilisiert.

Ein Sommertag bei Hochdruckwetter

Wenn am Vormittag die ersten Haufenwolken (Cumulus) entstehen, »verzahnen« sie durch ihren Vertikalaufbau die morgens noch ruhigen unteren

Luftschichten mit den schneller strömenden oberen Luftschichten. Mit zunehmender Bildung bringen die Wolken so den Höhenwind von oben nach unten.

Wenn man morgens noch mit »Damenbrise« gelassen seinen Kurs ziehen konnte, so weht es mittags bereits kräftiger und man denkt schon an das erste Reff. Am frühen Nachmittag sind die Cumuli zu mächtigen Gebilden herangewachsen, und es weht stark und böig. Wenn am späten Nachmittag die Wolken zusammensinken, flaut der Wind wieder ab.

Abends liegen dann meist langgestreckte dunkle Wolkenbänder vor der untergehenden Sonne. Es sind die Reste der zusammengefallenen Cumuluswolken vom Tage. Sie sehen oft dramatisch aus, haben aber für die Wettervorhersage keine Bedeutung.

Da der stärkere Höhenwind wegen der geringeren Bodenreibung etwa 20° bis 30° mehr von rechts weht und die Cumuluswolken ihn im Laufe des Tages nach unten bringen, wird der Wind demzufolge im Laufe des Tages mit zunehmender Stärke rechtdrehen. Vorausgesetzt, die Isobaren haben sich inzwischen nicht mit wechselnder Wetterlage in ihrer Richtung verändert, wird der Wind abends mit dem Abflauen wieder zurückdrehen.

Kurzgefaßt

Mit zunehmender Bildung von Cumuluswolken im Laufe des Tages brist es auf, der Wind dreht rechts. Wenn die Cumuli abends wieder zusammenfallen, dreht der Wind wieder zurück und flaut ab.

25

Der Wind

Wind ist die Bewegung von Luftmassen über die Erdoberfläche. Die Luft fließt immer von Gebieten mit höherem Luftdruck in Gebiete mit niedrigerem Luftdruck.

Ursache für die Druckunterschiede sind Temperaturunterschiede zwischen verschiedenen Gebieten der Erdoberfläche. Dort, wo die Erdoberfläche oder der Ozean durch die Sonne erwärmt wird, steigt die Luft auf und hinterläßt ein Gebiet niedrigeren Druckes, in das von der Seite Luft nachströmt – Wind.

In lokalem Rahmen kann man diesen Mechanismus deutlich an den täglichen Schwankungen der Land- und Seewinde beobachten.

Land- und Seewind

Land- und Seewinde sind eine typische Erscheinung der wärmeren Küsten. Aber bei warmer, ausgeglichener Hochdrucklage treten sie durchaus auch an den nordischen Küsten auf.

Tagsüber erwärmt die Sonne die Landmassen. Dort steigt warme Luft auf und wird von kühlerer Seeluft ersetzt: tagsüber herrscht *Seewind*. In der Höhe kühlt die Luft ab und fließt Richtung See. Über den kühlen Wasserflächen sinkt sie wieder ab.

Abends und nachts kühlt das Land relativ schnell wieder ab. Die Wassermassen bleiben dagegen in ihrer Temperatur nahezu gleich. Nun ist das Wasser wärmer als das Land. Luftmassen steigen über dem Wasser auf und werden von nachfließendem *Landwind* ersetzt.

Kurzgefaßt

Am Tage Seewind, besonders nach dem Mittag, nachts Landwind, besonders nach Mitternacht.

Die Passate und Monsune der tropischen Breiten und ebenso der Westwindgürtel, der unser

Seewind

Landwind

Wetter bestimmt, sind Beispiele dafür, daß das gleiche Prinzip auch global funktioniert.

Dort, wo die Sonne die Erdoberfläche oder den Ozean stark erwärmt, steigt die Luft auf. Am Boden entsteht ein Gebiet niedrigeren Luftdrucks. Dort, wo die in der Höhe abgekühlte Luft wieder absinkt, entsteht am Boden ein Gebiet höheren Luftdrucks. Zwischen beiden Gebieten – es sind teilweise Luftdruckgürtel, die sich um die ganze Erde ziehen – findet Luftausgleich statt. Je größer der Luftdruckunterschied zwischen zwei Druckgebieten, desto schneller strömt die Luft vom Hoch zum Tief, desto stärker weht also der Wind.

Betrachtet man die Bewegung von Luftmassen über der Erdoberfläche, darf die Wirkung der Erdumdrehung nicht außer acht gelassen werden. Man nennt sie die Corioliskraft. Bewegte Luft wird auf der Nordhalbkugel nach rechts, auf der Südhalbkugel nach links abgelenkt. Demzufolge strömt die Luft rechtsherum aus einem Hochdruckgebiet heraus und linksherum in ein Tiefdruckgebiet hinein.

In der Höhe folgt der Wind annähernd dem Isobarenverlauf. In den unteren Luftschichten kommt die Reibung an der Erdoberfläche hinzu. Dadurch strömt die Luft auf direkterem Wege im schrägen Winkel zu den Isobaren aus dem Hoch hinaus und in das Tief hinein. Der Winkel beträgt etwa 30 Grad. Über freiem Wasser ist er geringer.

Für den Beobachter auf der Nordhalbkugel gilt folgende *Merkregel*: Wenn er sich frontal gegen den Wind stellt, befindet sich das Gebiet mit dem tieferen Luftdruck auf seiner rechten Seite und das Gebiet mit dem höheren Luftdruck auf seiner linken Seite. Auf der Südhalbkugel der Erde gilt die umgekehrte Regel.

Kurzgefaßt

Der Wind weht immer rechtsherum aus dem Hoch, linksherum ins Tief im Winkel von 30° zu den Isobaren.

Umrechnungstafel zur Windgeschwindigkeit

Knoten	m/s	Beaufort (ca.)
2	1	1
5	2.6	2
10	5.1	3
15	7.7	4
20	10.3	5
25	12.9	6
30	15.4	7
40	20.6	8
45	23.2	9
50	25.7	10
60	30.9	11
65	33.4	12

1 Knoten = 0.514 Meter pro Sekunde

1 Meter pro Sekunde (m/s) = 1.943 Knoten

Windrichtung und Windgeschwindigkeit

Die Windrichtung ist die rechtweisende Peilung vom Beobachter zu der Himmelsrichtung, von der aus es weht. Die Windstärke wird anhand der Beaufort-Skala bestimmt.

Um sich nicht durch den scheinbaren Wind aufgrund der Eigengeschwindigkeit des Schiffes verwirren zu lassen, sollte man Windrichtung und -stärke direkt von der Erscheinung der See her schließen. Die Beaufort-Skala ist dafür ein guter Anhalt. Die Richtung erkennt man am besten, indem man am Kompaß parallel zu den Wellenkämmen peilt und dann 90° in Windrichtung addiert oder subtrahiert.

Die Beaufort-Windskala

Stärke	Bezeichnung	Beobachtung
0	Windstille	Spiegelglatte See
1	Leiser Zug	Kleine, schuppenförmige Kräuselwellen ohne Schaumkämme.
2	Leichte Brise	Wellen kurz, aber ausgeprägter. Kämme sind glasig, brechen kaum.
3	Schwache Brise	Wellen werden ausgeprägter. Kämme beginnen zu brechen, Schaum glasig, vereinzelt Schaumköpfe.
4	Mäßige Brise	Wellen noch klein, aber schon länger. Verbreitet weiße Schaumköpfe.
5	Frische Brise	Wellen nehmen eine ausgeprägtere, lange Form an. Überall weiße Schaumkämme. Vereinzelt schon Gischt.
6	Starker Wind	Es bilden sich größere Wellen. Die brechenden Kämme hinterlassen überall weiße Schaumflächen. Zuweilen weht Gischt.

Stärke	Bezeichnung	Beobachtung
7	Steifer Wind	Die See türmt sich. Der beim Brechen entstehende Schaum legt sich längs der Windrichtung.
8	Stürmischer Wind	Mäßig hohe Wellenberge größerer Länge. Von den Kämmen beginnt Gischt abzuwehen. Gut ausgeprägte Schaumstreifen.
9	Sturm	Hohe Wellen von beträchtlicher Länge. Verbreitet weht Gischt von den Kämmen. Die Sicht wird davon beeinträchtigt.
10	Schwerer Sturm	Hohe Wellenberge mit langen, brechenden Kämmen. Die Meeresoberfläche beginnt durch die großen Schaumflächen weiß auszusehen. Sicht durch Gischt beeinträchtigt.
11	Orkanartiger Sturm	Außergewöhnlich hohe Wellenberge, alle Kämme werden zu Gischt zerblasen. Die See ist vollkommen mit großen, weißen Schaumflächen bedeckt. Die Sicht ist stark eingeschränkt. Mittelgroße Schiffe verschwinden teilweise vollkommen in den Wellentälern.
12	Orkan	Die Luft ist angefüllt mit Schaum und Gischt. Die See ist vollkommen weiß. Keine Fernsicht mehr.

Bei aufkommendem Sturm sollte der Verzögerungseffekt zwischen der Zunahme des Windes und der Entwicklung entsprechenden Seeganges berücksichtigt werden.

Windstrecke, Wassertiefe, Dünung, schwerer Regen und die Gezeiten müssen in Rechnung gestellt werden, will man von der Seegangserscheinung auf die Windstärke schließen.

Die Tabelle ist als Anhalt gedacht für das, was man auf offener See, weitab von Landmassen, zu erwarten hat. In umschlossenen Gewässern oder auch bei auflandigem Wind an einer Leeküste werden die Wellen weniger ausgeprägt und niedriger sein, dafür kürzer und steiler.

Warnung: Bei einer gegebenen Windstärke sind die Seegangsbedingungen in Landnähe immer gefährlicher als auf offener See. In Tidengewässern kann sich der Seegang bei Stromkenterung innerhalb von Minuten extrem verstärken, wenn der Strom gegen den Seegang zu laufen beginnt.

Sturm und Starkwind

Man unterscheidet:

– *Sturmböen*, die zusammen mit Gewittern oder schweren Schauerwolken auftreten. Sie dauern meist nicht länger als eine halbe Stunde.

– *Tiefdruckstürme*, die mit Tiefdruckgebieten vorüberziehen.

Sie dauern meist einen halben bis einen Tag. Manchmal folgen mehrere Sturmtiefs hintereinander.
Dazu gehören auch *Trogstürme*. Oft folgen sie unmittelbar einer *Flautefront* (siehe weiter vorn) oder sie folgen in Abständen von wenigen Stunden dem ersten Sturm nach. Trogstürme flauen nach wenigen Stunden ab.

– *Hochdruckstürme*, die durch anhaltendes, starkes Luftdruckgefälle am Rande eines stabilen Hochs ausgelöst werden. Sie treten am häufigsten im Winter auf, meist als NO-Stürme bei einem Hoch über Skandinavien.
Hochdruckstürme kommen aber auch in der warmen Jahreszeit vor. Dann wehen sie meist aus Südwest bis Nordwest am nördlichen Rand eines stabilen Hochs über Südeuropa. Ein Hochdrucksturm kann ohne Richtungsänderung und bei gleichbleibendem Luftdruck tagelang durchwehen.

Kurzgefaßt

Stürme treten bei verschiedenen Druckgebilden auf. Sturm kann bei niedrigem Luftdruck, aber auch bei hohem Luftdruck auftreten.

Sturmhäufigkeit

Die Verteilung der Stürme während der Segelsaison zeigt folgendes Bild. Tage mit mehr Wind als Beaufort sechs:
April – 6, Mai – 4, Juni – 4, Juli – 5, Aug. – 7, Sept. – 10, Okt. – 13.

Das Frühjahrswetter in Deutschland wird vom Atlantik noch am wenigsten beeinflußt. April und Mai pflegen bei uns die ruhigsten Monate zu sein. Auch der Juni zeigt nicht mehr als ein Prozent Sturm. Ab Mitte Juli nimmt die Sturmhäufigkeit zu, und im August kann man bereits mit drei Prozent Sturm rechnen. Der August ist daher auch als »Apfelpflücker« bekannt. Eine weitere Zunahme der Sturmhäufigkeit tritt in der zweiten Septemberhälfte ein. Dann greifen die Atlantiktiefs bereits stark nach Mitteleuropa über.

Die Sturmhäufigkeit ist auch regional verschieden. Über der Nordsee weht es frischer. Hier wird Starkwind öfter Sturmstärke erreichen. Dafür ist das Wetter über der Nordsee mit ihrer Anbindung an das atlantische Wetter berechenbarer, das Wetter zeigt sich langatmiger.

Im Gegensatz dazu sind besonders die Westliche Ostsee und die Gewässer der dänischen Inseln viel unberechenbarer. Hier weht es im Durchschnitt nicht so heftig, man wird aber eher einmal von einem plötzlichen Trogsturm überrascht. Das liegt daran, daß sich nach der Statistik hier besonders viele typische Zugbahnen von Tiefs schneiden. Man hat also eher die Chance, einem schnellen Tief, Randtief oder Teiltief zu begegnen, als über der Nordsee oder gar im Kanal.

Im Mittelmeer ist die Häufigkeit von Sturmentwicklungen insgesamt geringer als in Nord- und Ostsee. Stürme sind mit Ausnahme von Mistral und Bora meistens nur von kurzer Dauer. Jedoch sollte sich jeder Wassersportler über die lokalen Winde des Mittelmeeres vor Antritt einer Reise genau informieren.

Kurzgefaßt

Im Frühsommer sind Stürme am seltensten. In der Nordsee sind Stürme berechenbarer, seltener, aber heftiger. In den westlichen Ostseegewässern sind Stürme häufiger, unberechenbarer, aber nicht so stark.

Im Mittelmeer im Sommer seltener, wobei sich im westlichen und östlichen Mittelmeer spezifische, kurzfristig heftige Windsysteme herausbilden.

Wasserhosen

Wasserhosen treten nicht nur im Mittelmeer und an exotischen Gestaden, sondern bekanntermaßen auch zwischen den dänischen Inseln auf. Unter der scharf abgegrenzten Basis großer Cumulus und Cumulo-nimbus sieht man ab und zu busenartige Wolkenzipfel niederhängen, von den Meteorologen treffend *Mammas* genannt. Diese können sich in eine ungeheuer schnelle Drehung versetzen. Sie reichen dann gelegentlich bis auf die Wasseroberfläche herab, wo sie Wasserstaub aufwirbeln und in die Höhe ziehen. Solch ein Wind- und Wolkenschlauch kann Bäume abdrehen, aber auch Boote entmasten. Man sollte ihm nicht zu nahe kommen.

Die wiederholte Behauptung, daß Wasserhosen durch gezielten Beschuß zum Zusammenfallen zu bringen sind, konnte bis heute nicht nachgewiesen werden. Dazu sind sie zu selten. Einen Schuß aus der Signalpistole ist der Versuch aber allemal wert. Aber schon vorher Segel runter und dann: unter Deck flüchten, festhalten!

Wasserhose

Kurzgefaßt

Mit Wasserhosen kann man bei Schauerwetter unter scharf abgegrenzten Wolkenunterkanten rechnen. Aber sie bleiben äußerst selten.

Eckeneffekte

Schon bei kleinen aufragenden Inseln und Kaps kann man deutlich beobachten, wie der Wind das Hindernis mit erhöhter Geschwindigkeit umströmt. Es kann durchaus mit ein bis zwei Beaufort mehr wehen. Dabei wird der Wind auch etwas in seiner Richtung zum Kap hin gebeugt.

Kap Horn verursacht solch einen Eckeneffekt, aber soweit brauchen wir nicht zu segeln. Wir finden diese Erscheinung an »jeder Ecke«, z.B. an der Südspitze Langelands oder Sardiniens.

Kurzgefaßt

An Kaps, die sich dem Wind entgegenstellen, weht der Wind heftiger. Dabei dreht er etwas um das Kap herum.

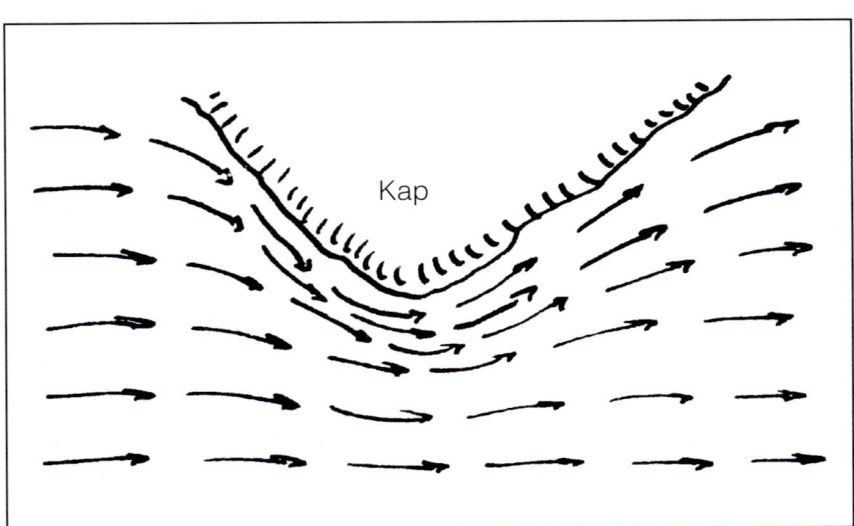

Eckeneffekt

34

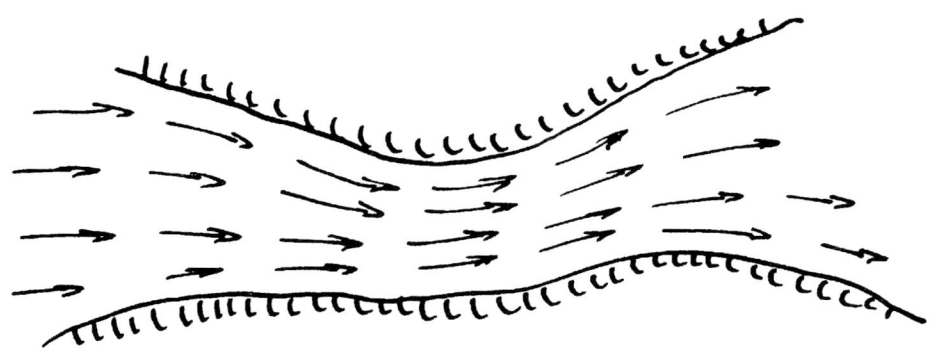

Düsenwirkung

Düsenwirkung

Mit ihr ist überall in Inselgewässern zu rechnen, wo der Wind
zwischen zwei Inseln, an Mee-
resengen oder nahezu paralle-
len Uferlinien hindurchweht. An
dieser Stelle können die Wind-
stärken ein bis zwei Beaufort
höher liegen als anderswo. Der
Alsenfjord ist ein Beispiel oder
die Straße von Gibraltar.

Merke: Der Wind wird in Kü-
stennähe immer um einige Grade zur Küste hin gebrochen. Er
neigt dazu, der Uferlinie zu folgen. Das kann man sich zunutze machen, um an der Kreuz
besser anliegen zu können.

Kurzgefaßt

*Parallele Uferlinien können den
Wind wie in einer Düse verstärken.*

Fallböen

Selbst an nur hügeligen Küsten
können sie auftreten, dort, wo
ein Hügeltal aufs Wasser zu
verläuft. Die Richtung des Tales
muß nur etwa der Hauptwindrichtung entsprechen.

Dünung als Sturmbote

Starkwind oder Sturm schicken
oft eine ausgeprägte Dünung

voraus. Andererseits eignet sich hohe Dünung allein keinesfalls als zuverlässiges Sturmwarnzeichen. Ein Sturmtief kann leicht seine Richtung ändern, sich verlangsamen oder auffüllen.

Starker Schwell kann von Stürmen in großer Entfernung verursacht worden sein oder auch von mäßigen Winden in geringerer Entfernung.

Eine Wellenperiode von zehn Sekunden oder eine Dünungslänge von 150 Metern auf der offenen See zeigt, daß der Wind, der diese Dünung hervorgerufen hat, Sturmstärke erreicht hatte.

Den größten Nutzen bei der Dünungsbeobachtung hat der Seemann bei der Bestimmung der ungefähren Position eines tropischen Wirbelsturmes. Mit diesem sehr wichtigen Thema sollte sich jeder Segler auseinandersetzen, der in tropische Gewässer segeln oder dort chartern möchte.

Kurzgefaßt

Dünung ist Windsee, die aus einem Windgebiet herausläuft oder weiterläuft, nachdem es aufgehört hat zu wehen. Sie kann einen Sturm ankündigen.

Gewitter sind faszinierende Erscheinungen. Sie können erhebliche Gefahren bergen. Deshalb wollen wir Gewittern hier etwas mehr Aufmerksamkeit widmen.

Den Segler interessieren vor allem zwei Arten von Gewittern: *Wärmegewitter* und *Frontengewitter*.

Wärmegewitter entstehen, wenn sich feuchtwarme Luftmassen durch starke Sonneneinstrahlung erwärmen und in die Höhe steigen. Wärmegewitter bilden sich in unseren Breiten über Land. Aber in engen Inselgewässern, wie zwischen den dänischen Inseln oder an den Küsten des Wattenmeeres, muß auch der Segler mit ihnen rechnen. Am häufigsten sind Wärmegewitter bei uns im Hochsommer. Im Mai wird man sie noch selten erleben.

Auf See entstehen Wärmegewitter am ehesten über sehr warmen Wassermassen. In den Tropen sind sie eine typische nächtliche Erscheinung.

Die typischen Seegewitter sind Frontengewitter. Sie entstehen an aktiven Kaltfronten. Dort schiebt sich wandernde Kaltluft unter feuchtwarme Luftmassen und drückt sie mit großer Geschwindigkeit in die Höhe. Frontengewitter können Tag und Nacht und auch im Winter auftreten. Am häufigsten und heftigsten sind sie jedoch im Sommer.

Kurzgefaßt

Wärmegewitter entstehen in unseren Breiten bei heißem Wetter über dem Land oder den Inseln und können ein Stück auf See hinausreichen. Frontengewitter ziehen auch über See.

Die Entstehung einer Gewitterwolke

Voraussetzung sind große, schnell emporsteigende feuchtwarme Luftmassen. Sobald die starken Aufwinde die Kondensationsgrenze erreicht haben, bildet sich eine rasch wachsende Cumuluswolke. Die bei der Kondensation freiwerdende Wärmeenergie führt zu noch schnellerem Aufsteigen der Luftmassen in noch kältere Höhen und damit zu weiterer Kondensation. Dabei wird weitere Wärme frei und so weiter. Eine Art Kettenreaktion setzt ein.

Die emporgerissenen Luftmassen werden von der Wolkenbasis her durch heftigen Zustrom ersetzt. Deshalb weht der Wind auf die herannahende Gewitterwolke zu. Am Erdboden oder über dem Wasser entsteht daher der Eindruck, die Wolke zöge gegen den Wind.

In diesem Stadium herrscht in der ganzen Wolke noch Aufwind. Man bezeichnet die junge Gewitterwolke als *Cumulo-congestus*. Noch fällt aus ihr kein Niederschlag, und es gibt auch noch keine elektrischen Entladungen. Die Wolke kann dabei schon 6000 Meter Höhe erreichen.

Cumulo-congestus

Kurzgefaßt

Gewitterwolken entstehen durch feuchte Luftmassen, die schnell emporsteigen und sich durch Kondensationswärme zusätzlich mit Energie versorgen.

Die Reife der Gewitterwolke

Die Gewitterwolke ist voll ausgewachsen, wenn sie in 9000 bis 10 000 Metern Höhe gegen die *Tropopause* stößt, die Grenzschicht zur Stratosphäre. Die Wolkenmassen können diese Schicht meist nicht durchstoßen. So wird die Wolke oben abgeplattet und fließt zu den Seiten hin auseinander. Man nennt diese Erscheinung *Amboß*, das typische Merkmal der reifen Gewitterwolke. Jetzt heißt die Wolke *Cumulo-nimbus*.

Die nach oben quellenden, kondensierten Wassermassen

Amboß

Böenwalze

**Cumulo-nimbus
im Reifestadium**

stauen sich an der Tropopause und beginnen durch ihr Gewicht wieder nach unten zu fallen. Dadurch entstehen Abwindfelder. Dicht nebeneinander stehen nun *Schlote* von Aufwinden und Abwinden. Ihre Geschwindigkeitsunterschiede betragen leicht mehrere hundert Stundenkilometer!

Außerhalb der Gewitterwolke herrschen heftige Abwinde. Durch die Abwärtsströmung vor der Wolke entsteht die in geringer Entfernung vor dem Gewitter einherziehende *Böenwalze*. Spätestens unter der Böenwalze darf man den Beginn der Gewitterbö erwarten. Doch manchmal eilen heftige Böen dem Gewitter voraus. Wenn man nicht schon von einer solchen Böe zum Reffen gezwungen wurde, ist es höchste Zeit, wenn die dunkle Böenwalze, beziehungsweise der *Böenkragen* im Winkel von 45 Grad über einem steht.

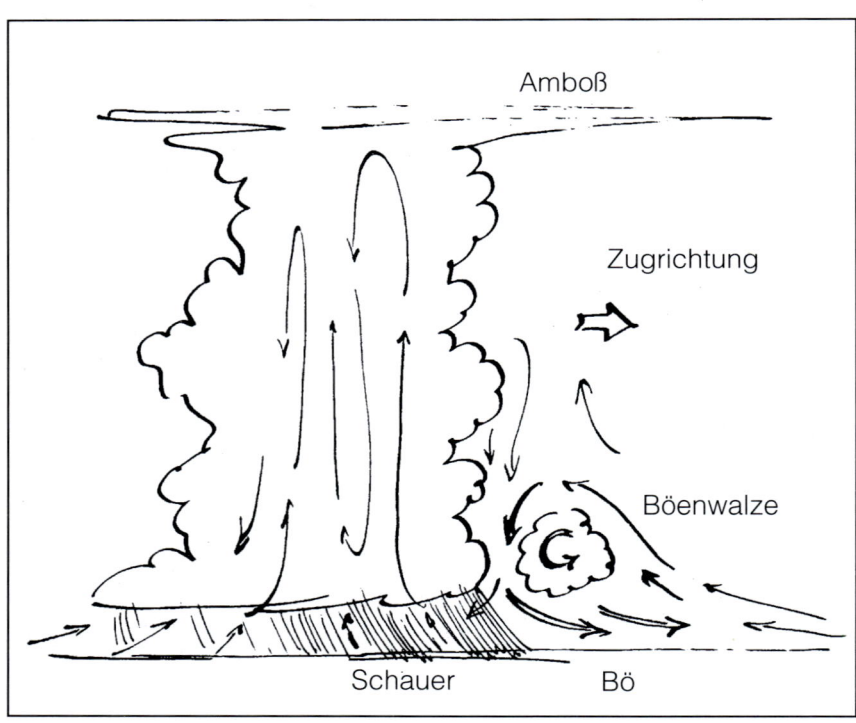

Schnitt durch eine Gewitterwolke im Reifestadium

In den Schloten im Inneren der Gewitterwolke entsteht der *Hagel*. Mit den starken Auf- und Abwinden werden große Niederschlagsmengen hinauf- und wieder hinabgerissen. In den Höhen herrschen Temperaturen von minus 20 Grad Celsius, an der Basis liegt die Temperatur über Null. Die Regentropfen gefrieren, tauen wieder an, weitere Feuchtigkeit schlägt sich am Eiskern nieder, sie gefrieren erneut. So setzen sie immer mehr Eis an und wachsen zu großen Hagelkörnern. Hagel entsteht in jeder Gewitterwolke, ohne daß er ausfallen muß. Bei den typischen großen Schauertropfen unter einer Gewitterwolke handelt es sich um geschmolzene Hagelkörner.

Kurzgefaßt

Die reife Gewitterwolke kennzeichnet sich durch den Amboß. Vor der Gewitterwolke zieht die Böenwalze her.

In den Schloten der Gewitterwolke entsteht der Hagel. In der reifen Gewitterwolke kommt es zu elektrischen Entladungen: Blitz und Donner.

Blitzschlag auf Yachten

Das Spannungsgefälle im Umkreis von Gewitterwolken und zwischen Wolke und Erde oder See verstärkt sich auf viele 1000 Volt. So erfolgen schließlich elektrische Entladungen zwischen zwei Wolken oder zwischen Wolke und Erdboden. Seeschiffe werden von Blitzen relativ selten getroffen, aber eine Gefahr besteht dennoch, selbst im Hafen.

Eine Blitzschutzanlage ist bestimmt keine Fehlinvestition. Im Grunde genügt es, für den seltenen Fall pro Mast zwei dikke Kupferkabel an Bord zu fahren. Sie werden bei Gewitter an die Toppwanten geklemmt und schleifen im Wasser nach. Wem das nicht genügt, der lasse sich von der Zubehörindustrie beraten.

Ein Stahl- oder Aluminiumschiff dürfte vollkommen geschützt sein.

Kurzgefaßt

Auch in ein Wasserfahrzeug kann der Blitz einschlagen. Schutz mittels Kupferkabel.

Die Auflösung der Gewitterwolke

Aus der Wolkenbasis strömen mit den Schauern auch große Mengen Kaltluft zur Erde. Die nach allen Seiten auseinanderfließende Kaltluft unterbindet mehr und mehr den Nachschub an feuchtwarmer Luft. Die Aufwindfelder werden darum immer schwächer und können Wasser und Hagel in den Schloten nicht mehr halten. Der Regen breitet sich über die ganze Basis hinweg aus. Die Gewitterwolke beginnt abzusterben. *Sie regnet sich aus.*

Bei Wärmegewittern kann man – sehr grob geschätzt – mit je einer Stunde für jedes Stadium der Gewitterwolke rechnen.

Kurzgefaßt

Wenn sich die Zufuhr feuchtwarmer Luftmassen verringert, löst sich die Gewitterwolke wieder auf.

Cumulo-nimbus
in Auflösung

Frontengewitter

Frontengewitter unterscheiden sich von Wärmegewittern vor allem durch ihre Ausdehnung. Sie bilden oft mehrere hundert Meilen lange Ketten von Gewittertürmen.

Gewitterfronten über der Nordsee oder über dem Atlantik sind meist geschlossen. Über der Ostsee haben sie oft schon große Lücken, die durch Gewitter entstanden sind, welche über Land hängengeblie-ben sind. So kann man Glück haben und zwischen den Gewittertürmen hindurchsegeln.

Die begleitenden Böen sind in schnell wandernden Frontengewittern besonders heftig. Gewitterfronten sind *aktive Kaltfronten*. Sie ziehen im Durchschnitt mit 15 bis 20 Knoten.

Kurzgefaßt

Gewitterfronten sind Ketten von Einzelgewittern, oft Hunderte von Meilen lang.

Gewitter-
front

43

Gewitterböen

Bei einer angesagten Gewitterfront vergewissere man sich auf jeden Fall über Abstand, Zugrichtung und Zuggeschwindigkeit. Man sollte rechtzeitig einen Schutzhafen anlaufen oder einen geschützten Ankerplatz. Für Segler ist die Böe zweifellos der gefährlichere Gegner vor Blitzschlag oder Hagel. Auf See hänge man seine Kupferkabel in die Wanten und reffe wie für einen schweren Sturm.

Leider wird man das Herannahen der Gewitterwolken nur selten lange vorher beobachten können. Meistens segelt man im nur mäßig sichtigen Dunst des warmen Sektors. Erst die Verdunkelung des Himmels warnt.

Sobald der Himmel sich drohend verdunkelt, sollte man reffen und die Wasserfläche in Gewitterrichtung gut im Auge behalten. Zuweilen eilen Böen der Gewitterwolke weit voraus. Dann erkennt man das Herannahen der Böe an den Schaumkronen.

Durch den enormen Luftbedarf einer Gewitterwolke wird die gesamte Luft im Umkreis des Gewitters zur Wolkenbasis hin gesogen. Der vorherrschende Segelwind wird daher oft (nicht immer!) gestört werden. Plötzlich dümpelt man in der Flaute, und dann weht der Wind plötzlich auf das Gewitter zu. Wie schon erwähnt, scheint die Gewitterwolke gegen den Wind zu ziehen. Das ist natürlich eine Täuschung. Die allgemeine Windströmung, vom Erdboden bis hoch zum Amboß, schiebt die Wolke vor sich her. Ist die Front durchgezogen, weht der Wind wieder »richtig«, aber dann meist rechtgedreht und frischer. Es handelt sich ja um eine Rückseite.

Aber in welche Richtung das Schiff sichern? Eine undankbare Frage! Steht kein rundherum geschützter Ankerplatz zur Verfügung, halte man lieber auf See hinaus. Leider besteht immer die Möglichkeit, daß Gewitterböen sich ganz anders verhalten als im »Idealgewitter«. Man kann aber davon ausgehen, daß in den meisten Fällen die schwersten Böen in Zugrichtung der Wolke aus ihrer Basis heraus wehen.

Der Wind muß nicht immer erst auf das nahende Gewitter zuwehen. Doch egal, was der

Wind *vor* dem Gewitter tut – mit Sturmböen *unter* der Böenwalze rechne man unbedingt. Das soll nicht heißen, daß sich alle Gewitter so dramatisch in Szene setzen. Aber man sei vorbereitet.

Kurzgefaßt

Gewitterböen sind oft heftig, aber immer kurz. Sie können Orkanstärke erreichen. Ihre Richtung entspricht meist der Zugrichtung der Gewitterwolke, aber nicht immer. Bei Annäherung des Gewitters »spielt der Wind« oft »verrückt«.

Die Wolken

Auf die Kenntnis der Wolkenbilder kann kein Seemann verzichten! Lange bevor die Wetterkunde zur Wissenschaft wurde, lernten die Menschen, kommende Schauerböen an der wachsenden Gewitterwolke zu erkennen oder herannahendes Regenwetter an Cirruswolken oder einem *Halo* um die Sonne zu deuten. Auch heute noch zählen Wolkenbilder zu den wichtigsten Indizien kommenden Wetters, auch für die Meteorologen. Letztlich sind Satellitenaufnahmen, eine der Grundlagen der modernen Wettervorhersage, auch nichts anderes als Wolkenbilder aus dem Weltraum betrachtet.

Blitz, Hagel, Sturm, Regen oder Schnee sind Endphasen von Wetterentwicklungen. Den meisten Landratten fällt die Wetterentwicklung erst auf, wenn diese in ihre Endphase eintritt – sie lassen sich vom Wetter überraschen. Doch jedes Wetter braucht Zeit zu seiner Entwicklung. Lange vor seinem Eintreten kündet es sich durch ein besonderes Wolkenbild und andere typische Wetterelemente an. Dazu gehören Windrichtung und -stärke, Luftdruck, Luftfeuchtigkeit und Lufttemperatur. Doch das Wolkenbild hat dabei die Schlüsselstellung inne. Deshalb ist die Kenntnis der wichtigsten Wolkenbilder für den Skipper von grundlegender Bedeutung.

Ein Wassersportler darf sich nicht vom Wetter überraschen lassen! Er muß wissen, was die Wolken als Wetterzeichen bedeuten und welche Gefahren ihm bei bestimmten Wolkenbildungen drohen.

Bei einem geplanten Törn wird man nicht schon Tage zuvor den Seewetterbericht abhören. Aber man wird bereits mit Bewußtsein die Wetterberichte im Radio oder Fernsehen verfolgen. Und vor allem wird man in den letzten Tagen vor dem Törn auf die Entwicklung der Wolkenbilder am Himmel achten. Dort kündigt sich das Wettergeschehen allen Erdbewohnern – Landratten wie Seeleuten – sichtbar an, und dort wirkt es sich aus.

Kurzgefaßt

Die Kenntnis der Wolkener-scheinungen ist für die persön-liche Wettervorhersage von grundlegender Bedeutung.

Die Höhenstufen der Wolken

Man unterscheidet die Wolken entsprechend dem internatio-nalen Wolkenatlas nach ihrer Höhe:

- *Hohe Wolken* oberhalb 6 000 Metern Höhe
- *Mittelhohe Wolken* von 2 000 bis 6 000 Metern Höhe
- *Niedrige Wolken* unter 2 000 Metern Höhe.

Die Wolkenhöhen werden nur geschätzt. Die Erscheinungs-form der Wolken läßt aber eine ausreichend genaue Höhenbe-stimmung zu.

Hohe Wolken

Die Hauptgruppen der hohen Wolken sind:

- *Cirrus (Ci)*: feine »Federwol-ken«, deren Enden oft ha-kenförmig gebogen sind (Haken-Cirrus)
- *Cirro-cumulus (Cc)*: kleine »Schäfchenwolken«
- *Cirro-stratus (Cs)*: feine Schlei-erwolken, durch die die Sonne hindurchscheint und oft einen Ring bildet (Halo).

Hohe Wolken sind Eiswolken. Sie haben keine Schatten an ih-ren Rändern.

Mittelhohe Wolken

Die Hauptwolken der mittelho-hen Wolken sind:

- *Alto-cumulus (Ac)* : dichtere, gröbere »Schäfchenwolken« mit leichten Schattenrändern
- *Alto-stratus (As)* : hohe, grau durchscheinende Schicht-wolken, ähnlich Cs, aber dichter.

Niedrige Wolken

Die Hauptwolkenarten der nied-rigen Wolken sind:

- *Stratus (St)*: ausgedehnte graue Wolkenschichten, die oft den ganzen Himmel bedecken

47

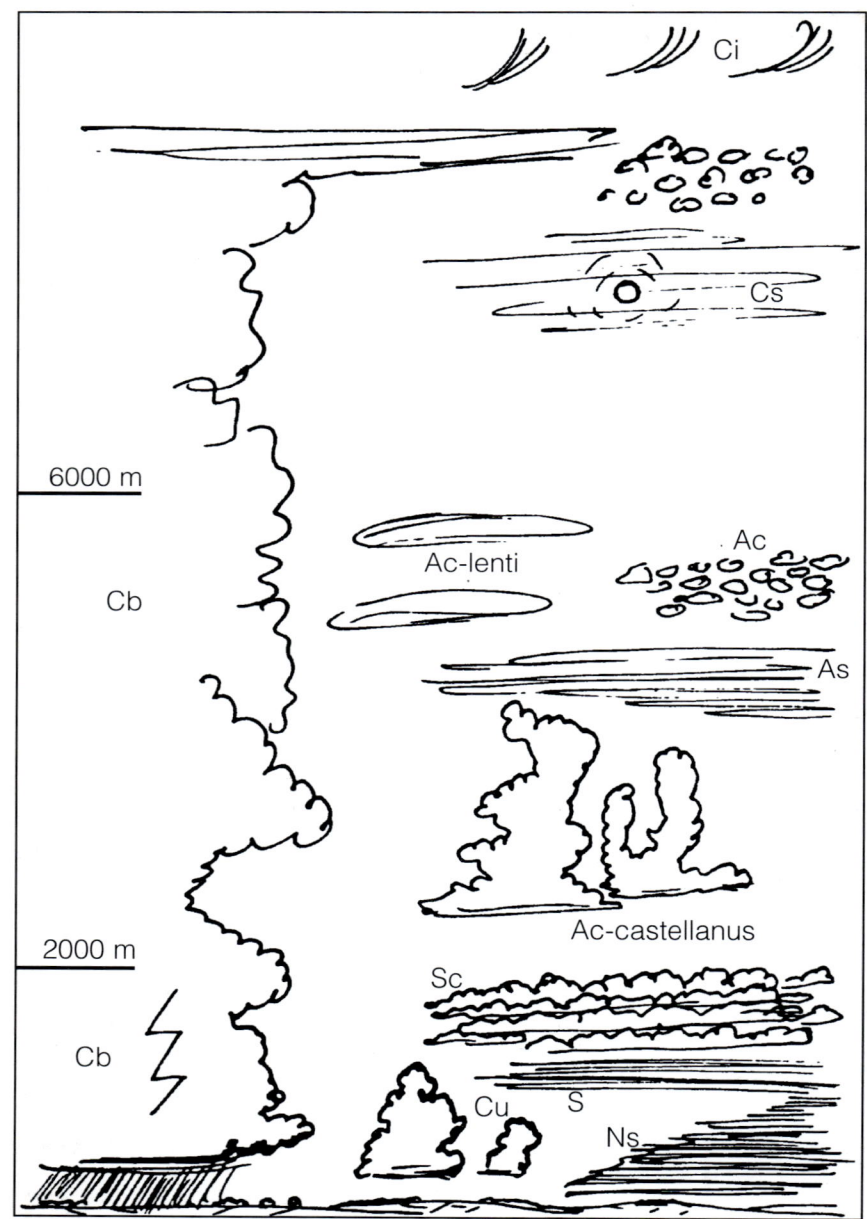

Ci

Cs

Ac-lenti

Ac

As

Ac-castellanus

6000 m

Cb

2000 m

Cb

Sc

Cu

S

Ns

Niedrige, Mittelhohe und Hohe Wolken

48

- *Nimbo-stratus (Ns)*: dichter, dunkler, tiefliegender Stratus, aus dem es nieselt oder regnet
- *Strato-cumulus (Sc)*: eine dichte Schicht von Cumulus-Wolken, zwischen denen stellenweise noch der blaue Himmel sichtbar sein kann
- *Cumulus (Cu)*: einzeln stehende, in der Sonne weißstrahlende Haufenwolke (»Schönwetterwolke«).

Cumulo-nimbus

- *Cumulo-nimbus (Cb)* nimmt eine Sonderstellung ein. Als Gewitterwolke reicht sie vom Erdboden durch alle Wolkenbereiche hindurch bis an die Obergrenze der Troposphäre – ein hohes Wolkengebirge mit scharfer Basis und tiefen Schatten. Aus der Basis fallen Regen- und Hagelschauer, im Winter Graupelschauer.

Kurzgefaßt

Hohe Wolken: Cirrus, Cirrocumulus, Cirro-stratus.
Mittelhohe Wolken: Alto-cumulus, Alto-stratus.
Niedrige Wolken: Stratus, Nimbo-stratus, Cumulus.
Durch alle Schichten hindurch: Cumulo-nimbus.

Wolkentafeln

Hohe Wolken

Cirrus (Ci): über 6000 Meter. Federwolken; dünne, weiße Wolken von seidiger Struktur, die das Sonnenlicht fast ungehindert durchlassen. Ci entstehen durch Aufgleitvorgänge wie bei der Warmfront. Sie künden von einer Schlechtwetterfront. Die Front kann jedoch sehr weit weg sein und muß den Beobachter nicht erreichen. Verdichtet sich Ci zu Cirro-cumulus oder Cirro-stratus, rückt die Front näher.

Cirro-cumulus (Cc): über 6000 Meter. Schäfchenwolken; zahlreiche weiße, kleine, durchscheinende Wolkenballen ohne Schattenränder, oft streifenförmig angeordnet.

49

Cirro-stratus (Cs): über 6000 Meter. Durchscheinende, milchige Schleierwolken, die oft den ganzen Himmel bedecken. Sonne oder Mond scheinen fast ungehindert hindurch. Sie umgeben sich mit einem Hof oder einem großen, teils farbigen Ring (Halo). Cs geht bei Annäherung der Warmfront in den mittelhohen Alto-stratus über.

Mittelhohe Wolken

Alto-cumulus (Ac): 2000 bis 6000 Meter. Ähnlich Cirro-cumulus, aber dichter; größere Ballen, oft in breiten Streifen angeordnet, dazwischen oft Lücken blauen Himmels, schon leichte Schattierungen der Ränder, schon sichtbare Wolkenbasis. Ac können auch in Schichten übereinanderliegen. Wenn einzelne Alto-cumuli turmartig und deutlich höher als ihre Nachbarn emporquellen (*Alto-cumulus-castellanus*), muß mit baldigen Gewittern gerechnet werden, auch wenn das Wetter noch sommerlich schön ist.

Schnellziehende Ac können die einzigen Anzeichen für ein sich rasch näherndes gefährliches – unter Umständen nur lokales – Trogtief sein. Fällt das Barometer und dreht der Wind links, sind die Anzeichen sicher.

Alto-stratus (As): 2000 bis 6000 Meter. Graue Schichtwolke, durch die die Sonne oder der Mond oft nur als heller Fleck hindurchscheinen. As entsteht bei Annäherung einer Warmfront. As folgt hohem Cirro-stratus und geht bald in niedrigen Stratus und häufig in Nimbo-stratus über. Anzeichen baldigen Regens.

Niedrige Wolken

Stratus (St): unter 2000 Meter. Weißlich-graue Wolkenschicht, die oft den ganzen Himmel bedeckt, in Bodennähe als *Hochnebel*, am Boden als *Nebel* bezeichnet. In Warmfrontnähe verdichtet sich Stratus zu Nimbo-stratus, und es wird regnen. Aus Stratus können einzelne Tröpfchen oder schon leichter Staubregen fallen.

Nimbo-stratus (Ns): Basis deutlich unter 2000 Metern, oft auf dem Boden aufliegend.

Niedrige, dunkelgraue, formlose Wolkendecke, die den ganzen Himmel bedeckt, aus der es regnet oder schneit. Nimbo-stratus kann mit Alto-stratus eine kompakte Masse bilden. Bei Regen treiben unter der Basis oft niedrige Wolkenfetzen (*Fracto-nimbus*). Sieht man unter einer dichten, niedrigen Stratusdecke dunkle fetzenförmige *Fracto-nimbus* heranziehen, beginnt es zu regnen, sobald sie über einem sind.

Strato-cumulus (Sc): unter 2000 Meter. Dicht aneinanderliegende Cumulus-Wolken, oft in Wellenform (*Wogenwolken*), grau und bedrohlich aussehend. Sie allein sind kein eindeutiges Wetterzeichen. Je nach Wetterlage können sie gutes Wetter ankündigen, sich aber auch zu Nimbo-stratus verdichten.

Cumulus (Cu): unter 2000 Meter. Quellwolken, die auf Thermik hinweisen, («Schönwetterwolken«), vertikaler Aufbau, Basis meist nur wenige hundert Meter hoch, deutlich schattiert. Große Cumuli an der Basis und an der Schattenseite blau-schwarz. Cu wachsen unter entsprechenden Voraussetzungen weit über 2000 Meter hinaus (*Cumulo-congestus*) und entwickeln sich zu Cumulo-nimbus. Stark quellende Cu mit niedriger Wolkenbasis deuten auf hohe Luftfeuchtigkeit hin und bringen Schauer oder Gewitter. Aus Cu können einzelne Regentropfen fallen. Kleine, zerfasernde Cumuluswolken an blauem Himmel (*Fracto-cumulus*) sind ein Zeichen für trockene Luft und Hochdruckeinfluß.

Cumulo-nimbus (Cb): Quellwolke, die vom Erdboden bis an die Tropopause reichen kann, also weit oberhalb 6000 Metern. Schauer- oder Gewitterwolke. Als Gewitterwolke stößt sie an der Tropopause gegen die Inversionsschicht und breitet sich amboßartig aus. Dabei zerfasert die aufgestiegene Luft zu Cirrus und kann von den Höhenwinden sehr weit transportiert werden. Cirruswolken künden dann schon in großer Entfernung von den Gewitterwolken. Das hat für die Vorhersage jedoch nur bei wandernden Gewitterfronten Bedeutung (siehe Cirrus).

Cirrus (Ci) – über 6000 Meter

Cirro-cumulus (Cc) – über 6000 Meter

Cirro-stratus (Cs) – über 6000 Meter

Alto-cumulus (Ac) – 2000 bis 6000 Meter

Alto-stratus (As) – 2000 bis 6000 Meter

Stratus (St) – unter 2000 Meter

Nimbo-stratus (Ns) – unter 2000 Meter

Strato-cumulus (Sc) – unter 2000 Meter

Cumulus (Cu) – unter 2000 Meter

Cumulo-nimbus (Cb) – bis oberhalb 6000 Meter möglich

Wetterprognosen aufgrund von Wolkenbeobachtungen

Von allen Wolkenarten sollten Cirrus (Ci) und Cirro-stratus (Cs) besonders beachtet werden. Sie sind oft die ersten Vorboten einer vielleicht noch 500 bis 600 Meilen entfernten Warmfront oder Okklusionsfront, die im allgemeinen schlechtes Wetter mit sich bringt.

Nähert sich feiner Cirrus von Nordwesten und verdickt sich zu Cirro-stratus, durch den der Mond oder die Sonne in einem Halo erscheinen, so wird mit Sicherheit bald schlechteres Wetter folgen. Das ist besonders dann der Fall, wenn das Barometer fällt oder weiter fällt, und der Wind rückdreht und auffrischt. Bei diesen Wetterzeichen wird der Seemann sein Fahrzeug sturmklar machen oder einen Schutzhafen aufsuchen.

Die Geschwindigkeit der aufziehenden Cirren ist kein sicherer Hinweis auf die Geschwindigkeit der herannahenden Depression. Hohe, schnell ziehende Wolken sind nicht unbedingt ein Zeichen unsicherer Wetterlage. Dennoch werden mit einem schnell ziehenden Tief in der Regel keine langsam ziehenden Cirren verbunden sein.

Die Zunahme von mittleren und hohen Wolken deutet nicht unbedingt auf eine Wetterfront hin. Es ist nicht ungewöhnlich, daß hohe Cirruswolken von einem zerfasernden Amboß einer Cumulo-nimbus (Gewitterwolke) stammen und weit über die eigentliche Wolkenmasse hinausstreben. Gelegentlich sieht die Unterseite dieser *Cirren* auch gerippt oder marmoriert aus.

Weder aus dem Barometer, das häufig unstet reagiert, noch aus dem Windverhalten kann in dieser Situation auf die künftige Wetterentwicklung geschlossen werden. Doch sollte man sich zur Vorsicht auf Regenschauer, Böen oder auch Gewitter einstellen. Gewitterböen können sehr heftig werden und aus einer ganz anderen Richtung kommen als der zuvor herrschende Wind. (Siehe auch Kapitel »Gewitter«).

Die kleinen und mittelgroßen Cumuluswolken sind Schönwetterwolken. Sie bilden sich bald nach Sonnenaufgang über dem Lande und verschwinden bei

Sonnenuntergang wieder. Bei langgestreckten cumulusähnlichen Wolken über Land bei Sonnenuntergang handelt es sich meist um Strato-cumulus (Sc), die zusammengefallenen Cumuli des Tages. Hochtürmende Cumuli (Cumulo-congestus) weisen auf eine labile Luftschichtung hin und lassen Schauerböen oder auch Gewitter erwarten.

Im Gegensatz zum Festland treten auf sommerlicher See Cumuluswolken auch des Nachts auf. Die Temperatur der Wasseroberfläche bleibt auch des Nachts nahezu konstant. So entstehen über dem Wasser weiter warme Aufwinde.

Im Sommer sind zahlreiche mittelhohe, gezackte Alto-cumuluswolken der typischen Castellanus-Form eine sichere Ankündigung für bald großflächig auftretende Gewitter.

Ganz besonders gilt das für den Englischen Kanal und die südliche Nordsee. Cumulo-castellanus deutet dann auf einen von Frankreich nahenden Gewit-

Alto-cumulus castellanus

tertrog mit oft heftigen Stürmen hin.

Wenn der Himmel nach Passieren einer Kaltfront aufklart und der Wind auf Nordwest dreht, wird zumindest eine sechs- bis zwölfstündige Wetterberuhigung folgen. Man sollte das Barometer und die Windrichtung jedoch weiterhin im Auge behalten. Wenn der Luftdruck fällt und der Wind auf Südwest zurückdreht mit zunehmender Cirrusbewölkung, kann innerhalb von Stunden mit weiterem schlechtem Wetter gerechnet werden.

Bei Westwetterlage kann ein Sonnenuntergang hinter einer hohen Wolkenbank auf die Annäherung einer Front hindeuten. Aber man beobachte genau und ziehe das Barometer zu Rate. Es kann sich auch um zu Strato-cumulus zusammengefallene Cumuluswolken vom Nachmittag handeln.
Geht die Sonne direkt am Horizont oder dicht darüber unter, wird innerhalb der nächsten Stunden keine Frontbewölkung heranziehen. Demgegenüber kann ein hoher Sonnenaufgang (Sonnenaufgang über einer tiefliegenden Wolkenschicht) auf den Abzug von Frontwolken hindeu-

ten. Bei Westwetterlage hat ein niedriger Sonnenaufgang keine Bedeutung für die Voraussage.

Schwerer Tau oder Reif ist ein Zeichen dafür, daß die Nacht klar gewesen ist, bedeutet aber nicht, daß das gute Wetter auch tagsüber anhalten wird.

Starker Dunst in den unteren Luftschichten deutet auf eine darüberliegende Inversionsschicht, möglicherweise hervorgerufen von einem Hochdruckgebiet. Bei trockenem Sommerwetter ist es ein Zeichen ruhiger Wetterlage. Die Beobachtung für sich allein ist weniger zur Prognose geeignet.

Wenn die Wolken immer tiefer sinken, deutet das auf herannahendes schlechtes Wetter.

Sich auflösende Cirruswolken sind ein Anzeichen für gutes Wetter.

Die volkstümlichen Wetterregeln bezüglich roter Sonnenauf- und -untergänge sind mit Vorsicht zu gebrauchen. Es kommt immer darauf an, mit welcher gerade vorherrschenden Luftströmung sich mögliche Fronten nähern werden. Für die rote Färbung sind kleinste Dunstpartikel verantwortlich. Ist bei Westwindlage der Himmel im Westen klar, also ohne Anzeichen einer herannahenden Warmfront, so enthält die Luft mehr Staub als Feuchtigkeit. Die Sonnenstrahlen brechen sich am Staub und färben sich rot. Demzufolge sagt man, daß rote Sonnenuntergänge gutes Wetter vorhersagen.

Neben der allgemeinen Wetterlage und der Art der Wolken sollte man auch die Jahreszeit mit berücksichtigen. Im Winter geht die Sonne beispielsweise im Südwesten unter. Dann kann ein »schöner« roter Sonnenuntergang in dieser Richtung irreführen, wenn von Norden oder Nordwesten eine Front heran-

rückt. Im Sommer geht die Sonne im Nordwesten unter, aber eine Wetterfront kommt vielleicht aus südlicher Richtung.

Ein roter Morgenhimmel soll schlechtes Wetter bringen. Aber diese Prognose ist zweifelhaft. Sie sagt eigentlich nur, daß der Himmel im Osten mehr Staub als Feuchtigkeit enthält. Bei Ostwetterlage wäre es sogar ein Zeichen guten Wetters.

Bezieht sich die Morgenröte allerdings auf die rote Färbung der von Westen heranziehenden hohen und mittelhohen Wolken, sind die Befürchtungen möglicherweise berechtigt: eine Front zieht heran. Es fragt sich dann, wie ausgeprägt sie sein wird.

Der Luftdruck und das Barometer

Zur effektiven Wetterplanung brauchen wir neben Radio und Telefon für die Wetterberichte auch das Barometer.

Das Quecksilberbarometer

Einige größere Schiffe und natürlich die Wetterschiffe haben ein Quecksilberbarometer an Bord. Seine Quecksilbersäule zeigt den Luftdruck sehr genau an. Damit können alle anderen Barometer verglichen werden.

Das Dosenbarometer

Auf Yachten wird fast ausschließlich das allgemein bekannte Dosenbarometer verwendet. Es besteht aus meist mehreren miteinander verbundenen luftleeren Blechdosen. Würden diese Dosen nicht durch eine starke Stahlfeder auseinandergezogen, würde der auf ihnen lastende Luft-

druck sie flach zusammenpressen. Im Gleichgewicht zwischen Stahlfeder und Luftdruck dehnen sich die Dosen nun aus oder ziehen sich zusammen, entsprechend den Schwankungen des Luftdrucks. Diese Schwankungen werden auf den Zeiger übertragen. Um das Barometer auf Meereshöhe einzustellen, wird mit einem feinen Schraubenzieher ein Schräubchen auf der Rückseite gedreht und so die Anzeige entsprechend verstellt.

Die Fehler des Gerätes interessieren uns weniger. Eine hektopascalgenaue Anzeige ist unnötig. Für uns ist vor allem die beobachtbare Luftdruckschwankung wichtig. Erst die registrierte Veränderung des Luftdruckes läßt Rückschlüsse auf das künftige Wettergeschehen zu. Auf die Genauigkeit der Werte kommt es dabei weniger an.

Noch besser ist ein *Barograph*, der die Entwicklung des Luftdrucks über die ganze Woche in einer wellenförmigen Kurve mitschreibt. Doch ein Barograph ist teuer. Man kann sich aber einfach behelfen. Man besorgt sich vorgedruckte Barographenstreifen und notiert den Luftdruck regelmäßig mit kurzen Bleistiftstrichen auf der Skala. Damit sollte man einige Tage vor Törnbeginn beginnen. Nach kurzer Zeit besitzt man bereits eine aufschlußreiche Kurve. Aus der Gestalt dieser Barographenkurve lassen sich in Verbindung mit der übrigen Wetterbeobachtung durchaus brauchbare Vorhersagen erstellen.

Kurzgefaßt

Ein Dosenbarometer ist billig und eine zuverlässige Hilfe zur Wettervorhersage. Man verbessert seine Beobachtungsergebnisse, indem man den Luftdruck auf einem Barographenstreifen mitzeichnet.

Die Beobachtung des Luftdrucks

Der Heraufzug eines Sturmes kündigt sich meistens durch Fallen des Barometers und Rückdrehen des Windes an. Selten ist heraufziehender Sturm auch mit Luftdruckanstieg und rechts drehendem Wind verbunden.

Normalerweise kündigt sich Sturm durch auffällige Veränderungen von Wind und Luftdruck vorher an, doch ist die Zeitdauer der Ankündigung sehr verschieden. Der Betrag, um den das Barometer fällt, ist auch ortsabhängig. Im Bereich der schottischen Küste kann das Barometer gelegentlich innerhalb von drei Stunden um 10 Hektopascal fallen, ein Extremwert, der beispielsweise an den deutschen Küsten äußerst selten ist.

Schneller Anstieg oder Fall bedeutet auch nicht immer Sturm. Tatsächlich erreicht der Wind nur etwa jedes dritte Mal Sturmstärke. Dennoch darf daraus, daß nach starkem Barometerfall nicht gleich Sturm aufgetreten ist, nicht geschlossen werden, daß er ganz ausbleibt. Manche der schwersten Stürme setzen erst ein, wenn das Barometer aufgehört hat zu fallen, oder wenn es sogar schon wieder steigt.

Stürme, die von starkem Luftdruckanstieg begleitet werden, sind böiger als solche, die von fallendem Luftdruck begleitet werden. Da Stürme sich in unseren nördlich-gemäßigten Breiten nicht langfristig ankündigen, wie etwa in den Tropen und Subtropen, sollte man das Barometer stets im Auge behalten.

Im Gegensatz zu Weststurm tritt Oststurm oft ohne stärkeres Fallen auf. So sollte bei östlichen Winden schon ein schwacher Barometerfall argwöhnisch beobachtet werden, besonders im Frühjahr. Das gleiche gilt für Stürme aus südlichen bis südöstlichen Richtungen.

Für die Richtung, aus der der Sturm wehen wird, gibt das Barometer nur ungefähre Hinweise. Stürme aus südlicher Richtung sind eher mit noch fallendem Luftdruck, Stürme aus nordwestlicher Richtung eher mit aus tiefem Stand steigendem Luftdruck verbunden.

Weht der Wind schon längere Zeit aus westlicher Richtung, mit häufigem Wechsel zwischen sonnigem und regnerischem Wetter, so wird ein Sturm, der sich durch fallendes Barometer ankündigt, sehr wahrscheinlich zuerst aus Süden bis Südwesten wehen. Später wird er mit Durchzug der Kaltfront unter heftigen Böen plötzlich auf West bis Nordwest drehen.

Nachdem ein Tief nach Osten abgezogen ist, sind Barometeranstieg und nordwestliche Winde kein untrügliches Zeichen dafür, daß sich nun besseres Wetter durchsetzen wird. Auch bei vorübergehender Aufheiterung kann aus Westen die nächste Störung heranziehen, die für weitere Tage unbeständigen Wetters sorgt, mit Regen und Stürmen aus dem westlichen Quadranten.

Bei frischen bis starken östlichen Winden kann von einem Ansteigen des Luftdruckes nicht auf Abflauen des Windes geschlossen werden. Viele Oststürme begannen mit einem Barometeranstieg, Südweststürme allerdings nur sehr selten. Bei hohem Druck über Skandinavien und Nordrußland kann der Ostwind, besonders zwischen Oktober und Mai, sehr beständig über ganz Nordeuropa wehen, gelegentlich über ein bis zwei Wochen. Bei dieser Windrichtung bietet das Barometer keine zuverlässige Hilfe für die Voraussage der Windstärke und -richtung.

Zwischen Mitte Dezember und dem frühen April können Hochdruckgebiete über Skandinavien sehr beständig werden und langanhaltende, starke östliche bis südöstliche Winde und Stürme über Nordwesteuropa verursachen.

Liegt der Luftdruck um 1020 hPa und darüber und steigt er noch, so wird vorhandenes ruhiges Wetter noch mindestens 24 Stunden anhalten. Auch bei hohem Luftdruck können allerdings sehr starke Winde vorkommen, doch da sie nur langsam zunehmen, bleibt genug Gelegenheit, sich seemännisch auf sie einzustellen.

Bei wechselhafter Wetterlage folgt auf einen starken Anstieg des Barometers oft ein ebensolcher Fall, doch wenn der Anstieg einen vergleichsweise hohen Wert erreicht, kann man – zumindest vorübergehend – mit einer Verbesserung der Wetterbedingungen rechnen.

Typische Kurvenverläufe

Hier noch einmal die typischsten Barographenkurven mit kurz- und mittelfristigen Prognosen:

1. Steigt der Druck über mehrere Tage hinweg langsam und gleichmäßig an, ist nachhaltige Wetterbesserung zu erwarten.

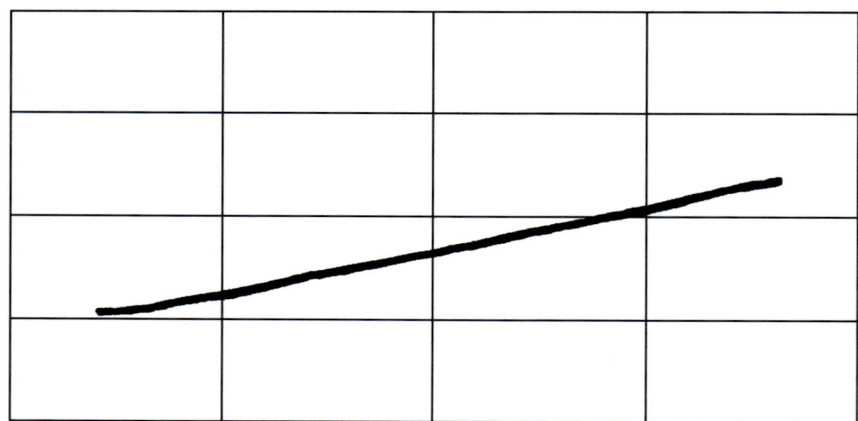

Barographenkurve zu Punkt 1

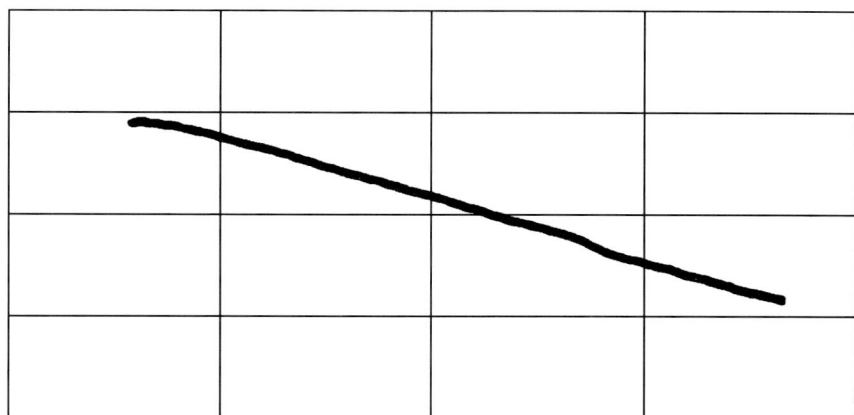

Barographenkurve zu Punkt 2

2. Umgekehrt bedeutet tagelanges langsames Fallen aus hohem Stand das nachhaltige Ende einer Schönwetterperiode.

---

3. Fällt der Luftdruck erst langsam, dann immer schneller, wird bald stürmisches Wetter eintreten. 1,5 Hektopascal Fallen pro Stunde oder mehr deuten binnen kurzem auf Sturm.

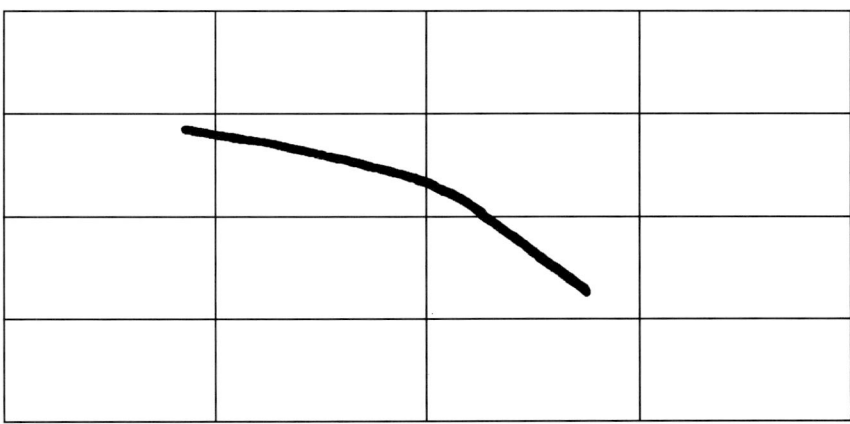

Barographenkurve zu Punkt 3

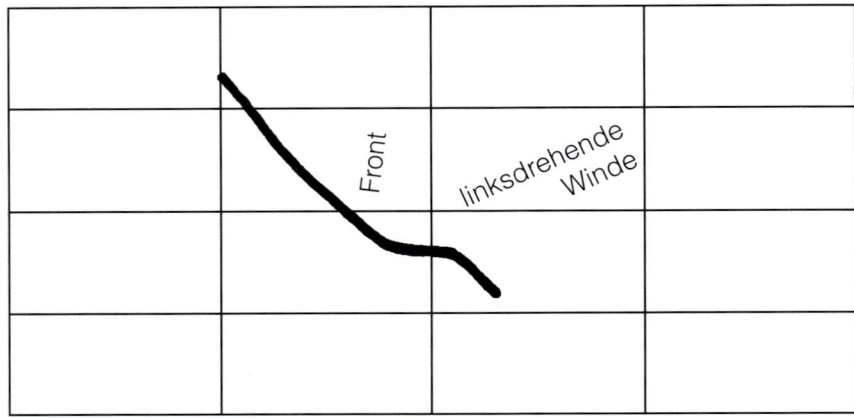

Barographenkurve zu Punkt 4

4. Nach Durchzug einer Front stagniert das Barometer. Beginnt es kurz darauf trotz Aufklaren bei linksdrehendem Wind (beispielsweise von West auf Südwest) wieder zu fallen, deutet das auf das Nahen eines gefährlichen Trog- oder Teiltiefs hin.

---

5. Beginnt nach Durchzug einer Kaltfront das Barometer mit einem Ruck zu steigen, wehen unmittelbar darauf die stärksten Böen.

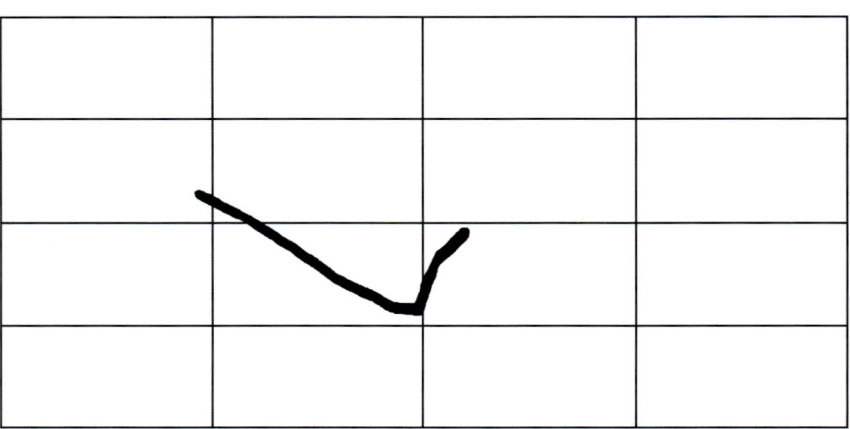

Barographenkurve zu Punkt 5

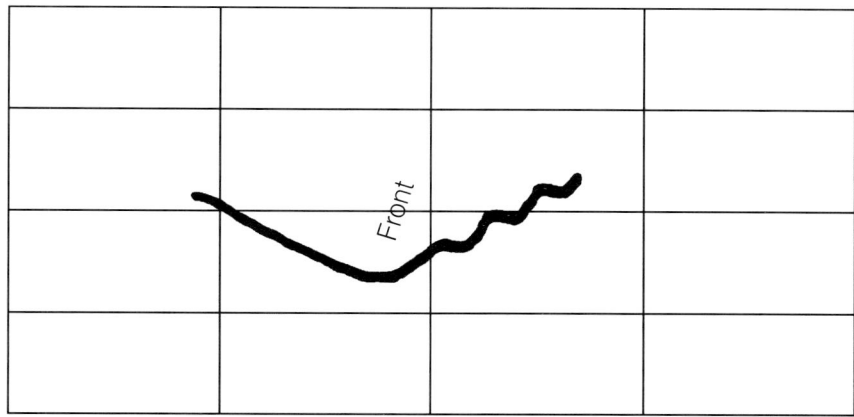

Barographenkurve zu Punkt 6

6. Ist der Anstieg unruhig und »zackig« bei linksdrehenden westlichen Winden (von West auf Südwest), folgt entweder das nächste Tief unmittelbar, oder die Wetterbesserung dauert nur kurz bis zur nächsten Warmfront.

---

7. Zügig steigender Luftdruck kündigt baldige Wetterbesserung an. Bei steil ansteigendem Druck wird sie nicht von Dauer sein.

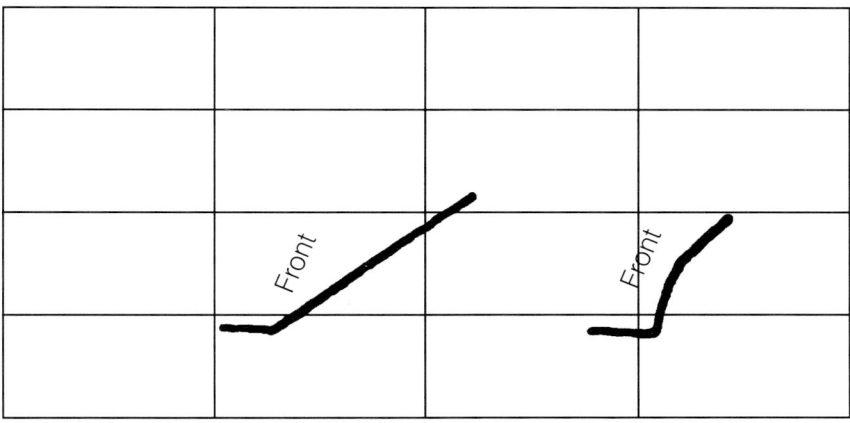

Barographenkurve zu Punkt 7

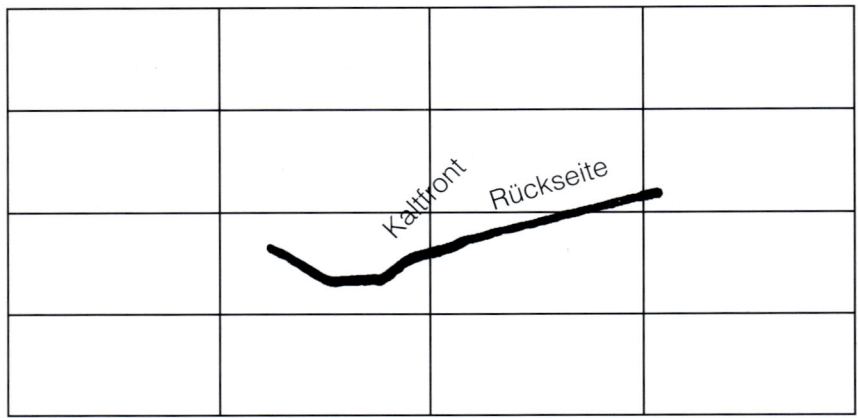

Barographenkurve zu Punkt 8

8. Steigt das Barometer auf der *Rückseite* langsam und stetig weiter, ist nach Abklingen der Schauerböen mit mindestens einem Tag ruhigerem Zwischenhochwetter zu rechnen.

---

9. Eine mehrtägige Hochdruckwetterlage ist zu erwarten, wenn das Barometer nach Durchzug eines Tiefs langsam und stetig weitersteigt und der Wind aus westlichen Richtungen rechtsherum über Nord nach Nordost dreht. Dabei wird es zunächst kühl, bleibt aber sonnig und trocken – Segeltörnwetter.

Barographenkurve zu Punkt 9

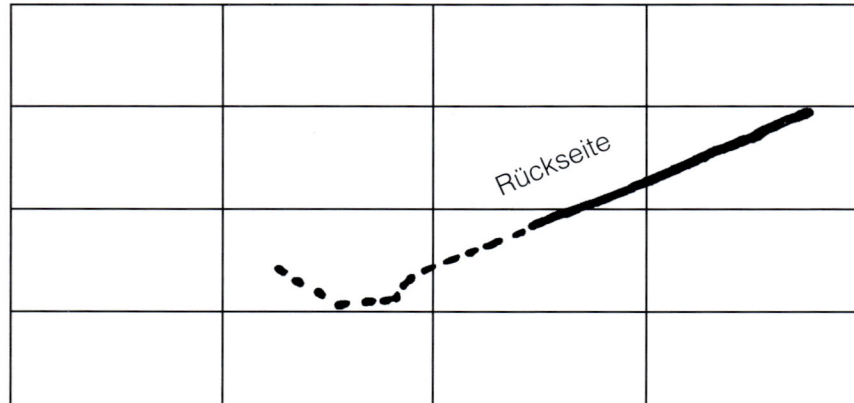

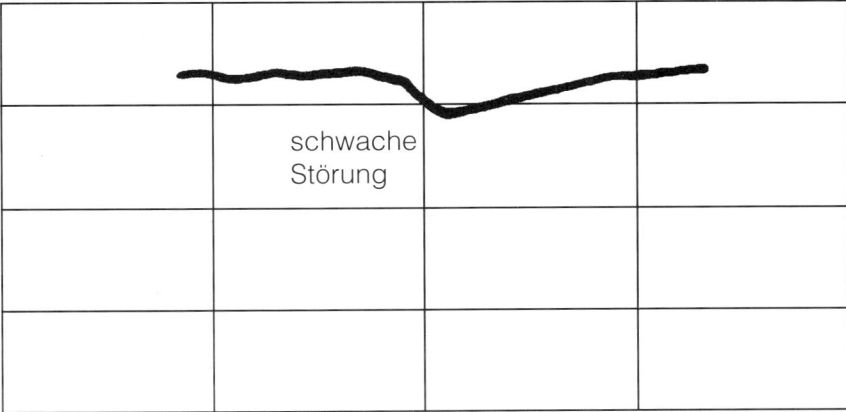

Barographenkurve zu Punkt 10

10. »Atmet« der Luftdruck auf hohem Stand in leichten Sechs-Stunden-Wellen von ein bis zwei Hektopascal, so hat sich die Schönwetterlage stabilisiert. Es ist mit mehreren Tagen ruhigem Sonnenwetter zu rechnen.

11. Ist der Luftdruck nach einer Schönwetterperiode etwas gefallen und dann wieder gleichmäßig gestiegen, war es zwischenzeitlich bedeckt, danach zogen Wolkenfelder auf und anschließend klarte es wieder auf, so hat ein schwacher Störungsausläufer die Hochdruckwetterlage unterbrochen. Es kann weiterhin stabil bleiben.

Barographenkurve zu Punkt 11

schwache
Störung

Die Luftfeuchtigkeit

Die Erdatmosphäre enthält stets eine bestimmte Menge Wasserdampf. Warme Luft hält mehr Wasserdampf als kalte. Ist der Wasserdampf-Anteil so groß, daß er von der Luft bei der gegebenen Temperatur gerade noch gehalten werden kann, so ist die Luft gesättigt. Eine Abkühlung der Luft in diesem Stadium bedeutet Kondensation des Wassers, das nicht mehr gehalten werden kann: Nebel bildet sich beziehungsweise Wolken. Besonders Warmfronten kündigen sich durch steigende Luftfeuchtigkeit an.

Um herauszufinden, wie hoch der Wassergehalt der Luft ist, benutzt man einen Luftfeuchtigkeitsmesser, das *Hygrometer*. Das übliche preiswerte Gerät, in dessen Innerem ein sich je nach Luftfeuchte ausdehnendes oder zusammenziehendes Haar die prozentuale Anzeige auf einer Skala ermöglicht, reicht für unsere Zwecke vollkommen aus, auch wenn es ungenau ist.

Aber auch ohne Hygrometer erkennen wir hohe Luftfeuchtigkeit an der klammen, feuchten Art, wie sich sonst trockenes Tauwerk anfühlt. Auch der Küchenfeudel, der gestern noch trocken und seitdem unbenutzt unter der Spüle hing, ist jetzt klamm und feucht. Man spürt es auch deutlich an den Gerüchen. Bei hoher Luftfeuchtigkeit sind sie wesentlich intensiver als bei trockener Luft.

Lufttemperatur und Luftfeuchtigkeit als Vorhersagefaktoren

Temperatur und Luftfeuchtigkeit der unteren Luftschichten allein sind noch keine großen Hilfen bei der Wettervorhersage. Beide Werte sind zu abhängig von den örtlichen Bedingungen. Besonders an einem klaren, wolkenlosen Abend hat beispielsweise hohe Luftfeuchtigkeit mit starkem Tau allein keine Bedeutung für die Voraussage.

Doch im Zusammenhang mit den übrigen Wetterbeobachtungen wie Windrichtung, Wolkenbild, Luftdruckänderung und der Kenntnis der zur gleichen Tages- und Jahreszeit üblichen Durchschnittswerte sind Lufttemperatur und -feuchtigkeit für die Wettervorhersage von Nutzen.

Kurzgefaßt

Auch Luftfeuchte und Lufttemperatur müssen bei jeder Vorhersage berücksichtigt werden. Sie allein sind zur Vorhersage aber nicht ausreichend.

Die Wassertemperatur

Da die Wasseroberfläche die Luft erwärmt oder abkühlt, ist auch deren Temperatur für die Meteorologie von Bedeutung. Ein Vergleich der Luft- und Wassertemperaturen gibt einen guten Hinweis für die Herkunft der Luftmassen. Daran erkennt man bei undeutlichen Wetterlagen beispielsweise, ob die sich ankündigenden Luftmassen bereits eingetroffen sind. Auf das Körpergefühl ist in dieser Hinsicht weniger Verlaß. Der Unterschied zwischen kalten und warmen Luftmassen beträgt oft nur wenige Grade.

Nicht immer sind die Wetterzeichen so deutlich wie in unseren Beispielen beschrieben. Ist die Luft kälter als die Wassertemperatur, wird es sich um polare Luftmassen handeln; ist sie viel wärmer, handelt es sich um tropische Warmluft. Entsprechend mag die Luft zu einer Warmfront oder einer Kaltfront gehören. Besonders hinsichtlich der Vorhersage von Seenebel ist die Wassertemperatur von Bedeutung.

Kurzgefaßt

Der Vergleich zwischen Luft- und Wassertemperatur deutet auf die Herkunft der Luftmassen hin.

Der Nebel

Sichtweiten von weniger als 1000 Metern werden als Nebel bezeichnet. Nebel ist nichts weiter als eine Stratus-Wolke, die auf der Erdoberfläche oder auf der Wasseroberfläche aufliegt.

Nebel kann auf See stets dann eintreten, wenn die Wassertemperatur niedriger ist als der Taupunkt der Luft. Dann kühlt das Wasser die darüber hinstreichende Luft soweit ab, daß Kondensation einsetzt.

Diese Bedingungen treten meist bei südlichen oder südwestlichen Winden auf, die viel Feuchtigkeit mit sich führen. Wenn die Luft voller Salzpartikel ist, z.B. nach einem Sturm, kann Nebel schon auftreten, bevor die Luft auf den Taupunkt abgekühlt ist. Die Salzpartikel sind besonders gute Kondensationskerne für Nebeltröpfchen.

Am häufigsten treten Seenebel im Frühjahr bei relativ warmem Wetter auf, wenn die erwärmte Festlandsluft auf See hinausweht und sich über der noch winterkalten Wasseroberfläche unter den Taupunkt abkühlt. Selten treten derartige Nebel im Hochsommer auf. Die Küstenlinie ist oft gleichzeitig die Nebelgrenze. Ganz dicht unter Land findet man dann möglicherweise genügend Sicht.

Im Herbst ist es umgekehrt. Dann entsteht der Nebel über dem kühleren Land, kann aber auf See hinausgeweht werden. Derartiger Seenebel ist aber dünner und löst sich über dem noch relativ warmen Wasser schneller auf.

Diffuse Dampferlichter sind oft ein typisches Zeichen für bevorstehenden Nebel.

Ein Gezeitenstrom oder eine Meeresströmung, die kaltes Tiefenwasser an die Oberfläche bringt, kann die Luft so weit abkühlen, daß Nebel entsteht, häufig zu beobachten z.B. im Großen Belt.

Bei Winddrehung, Abflauen oder Aufbrisen kann sich der Nebel verstärken oder verringern, je nachdem, ob die feuchte, relativ warme Luft zum kalten Wasser hingeführt oder von ihm weggeblasen wird.

Wenn der Himmel frei von Wolken ist, wird sich nachts entstandener Seenebel am Morgen durch die Sonneneinstrahlung eher auflösen als bei bedecktem Himmel.

Wenn sich eine niedrige Nebeldecke an der Oberseite in Fetzen ablöst, wird der Nebel wahrscheinlich bald verschwinden. Anzeichen dafür sind das häufige Auftauchen und Verschwinden der Mastspitzen von Fahrzeugen in der Nähe.

Wenn Nebel nachts auf See aufklart, ist es schwer zu beurteilen, ob das Schiff die Nebelbank verlassen hat oder ob sich der Nebel aufgelöst hat oder fortgetrieben wurde.

Im allgemeinen klart Nebel auf der offenen See auf, sobald eine Kaltfront sich nähert. Auch ein Anstieg der Wassertemperatur bringt Nebel zur Auflösung, z.B. über einer warmen Meeresströmung.

Nebelgefahr besteht vor allem dann, wenn die Wassertemperatur niedriger liegt als der Taupunkt der Luft.

Einige vereinfachte Wetterregeln

Die folgenden Wetterregeln sollten mit Vorsicht angewendet werden. Sie müssen nicht immer stimmen. Es sollte stets auch die allgemeine Wetterlage bedacht werden:

– Ein rosiger Sonnenuntergang deutet auf gutes Wetter.

– Grünlichgrauer oder fahlgelber Himmel bei Sonnenuntergang deutet auf Regen.

– Leuchtend gelber Himmel bei Sonnenuntergang kündigt Wind an.

– Blaßgrauer oder grünlichoranger bis kupferfarbener Sonnenuntergang bedeutet Wind und Regen.

– Allgemein: Milde, ruhige Farbtöne mit schwach ausgeprägten Wolkenkonturen deuten auf gutes Wetter. Starke, grelle Farben und Wolken mit harten Konturen deuten auf Wind und Regen.

– Ein klar aufgehender Vollmond deutet auf gutes Wetter.

– Ein blaßgelb aufgehender Vollmond bringt Regen.

– Ein roter Mond bedeutet Wind.

– Ein Halo ist ein großer dunstiger Kreis um Sonne oder Mond. Er entsteht bei Cirro- oder Alto-stratus. Je größer der Halo, desto eher kommt die Front. Ist der Halo an einer Seite offen, zeigt die offene Seite die Richtung, aus der der Regen kommen wird. Ein Halo nach gutem Wetter kündigt stürmisches, auch regnerisches Wetter an.

– Der Lichthof um Mond oder Sonne: Wird er langsam größer und durchscheinender, bedeutet es gutes Wetter. Wird er kleiner und kompakter, kommt Regen.

- Der Regenbogen am Abend bei Westwindlage bedeutet gutes Wetter. Die niedrigstehende Sonne verursacht ihn in einem Regenschauer. Sie wird von keiner neu heranziehenden Wolkenbank verdeckt, und die Schauerwolken ziehen nach Osten ab.

- Ein zweiter, äußerer Regenbogen mit der umgekehrten Farbfolge im Abstand von 10 Grad vom inneren hat keine besondere Bedeutung. Er deutet nur auf eine großflächige Schauerwolke hin.

Zuverlässige Beobachtungen zur Wettervorhersage

Im Gegensatz zu den oben genannten populären Wetterregeln hier einige Beobachtungen, die eine wirklich zuverlässige Vorhersage ermöglichen.

Gutes Wetter:
Barometer gleichbleibend hoch im Bereich von 1012 Hektopascal oder darüber, oder langsam und dauerhaft steigend, klarer Himmel oder kleine und mittlere Cumuluswolken.

Regen:
Langsam und stetig fallendes Barometer, etwa 0.1 – 0.2 Hektopascal pro Stunde, sich schließende Wolkendecke, die tiefer sinkt und unter der lose dunkle Wolkenfetzen mit dem Winde ziehen, sind sichere Anzeichen für Regen.

Wind:
Allmählich fallendes Barometer, etwa 0.3 – 0.4 Hektopascal pro Stunde, scharf abgegrenzte, fettig aussehende Wolken. Die oberen Wolken ziehen in anderer Richtung als die unteren Wolken. Der Wind wird in Richtung der oberen Wolken drehen. Je schärfer abgegrenzt die Wolken erscheinen, desto stärker wird es wehen.

Wind und Regen:
Immer schneller fallenderes Barometer, etwa 0.5 Hektopascal pro Stunde, niedrige Wolken in kräftigen Farben.

Starkwind, Sturm, auch mit Regen:
Das Barometer fällt mit 1,5 Hektopascal pro Stunde oder schneller. Scharf abgegrenzte, langgezogene Wolken deuten mehr auf Wind, bei wässrigen, diffusen Wolken gibt es auch Regen. Grünliche und schwarze Wolken deuten auf eingelagerte Gewitterböen hin.

Man muß nicht nur auf das Wetter reagieren, wie es gerade kommt. Man kann es sich auch bei der Törnplanung zunutze machen. Mit Wetterkenntnissen, wie sie hier dargestellt worden sind, und etwas strategischem Denken kann man sich den Segeltörn sehr viel angenehmer gestalten. Hierzu ein paar Beispiele.

Bei Tiefdrucklage mit Westströmung

Das ist ja leider die bei uns am häufigsten anzutreffende Wetterlage. So manchen Sommer reiht sich ein Tief an das andere. Vergeblich warten wir darauf, daß sich ein Zwischenhoch einmal zu einem kräftigen Hoch stabilisiert, und das Wetter beständiger und freundlicher wird. Doch auch so kann man segeln und wird immer wieder sonnige Abschnitte erleben.

In meinem Buch *Firecrest rund Fünen* habe ich beschrieben, wie man sich eines oder mehrere durchziehende Tiefs

zunutze macht, um mit stets raumen Winden beispielsweise die Insel Fünen zu umsegeln. Das geht so:

Von Süden kommend segelt man mit den Südwestwinden vor der Warmfront soweit wie möglich nach Norden. Den Durchzug der Warmfront mit ihrem Schmuddelwetter läßt man in einem gemütlichen Hafen wie Middelfahrt oder in einer geschützten Ankerbucht über sich ergehen.

Sobald der Regen nachgelassen hat, segelt man mit den Westwinden des Warmsektors an der Nordküste Fünens entlang. Hinter Äbelö oder in Korshavn wartet man die Kaltfront ab und segelt dann mit frischem Nordwestwind im Sonnenschein der Rückseite wieder nach Süden.

Ziehen die Tiefs wieder mal in »Familien« durch, können wir uns sogar aussuchen, ob wir diese Rückseite oder erst die nächste nehmen.

Man braucht natürlich nicht gleich rund um Fünen zu segeln, um die Winddrehung nach einer

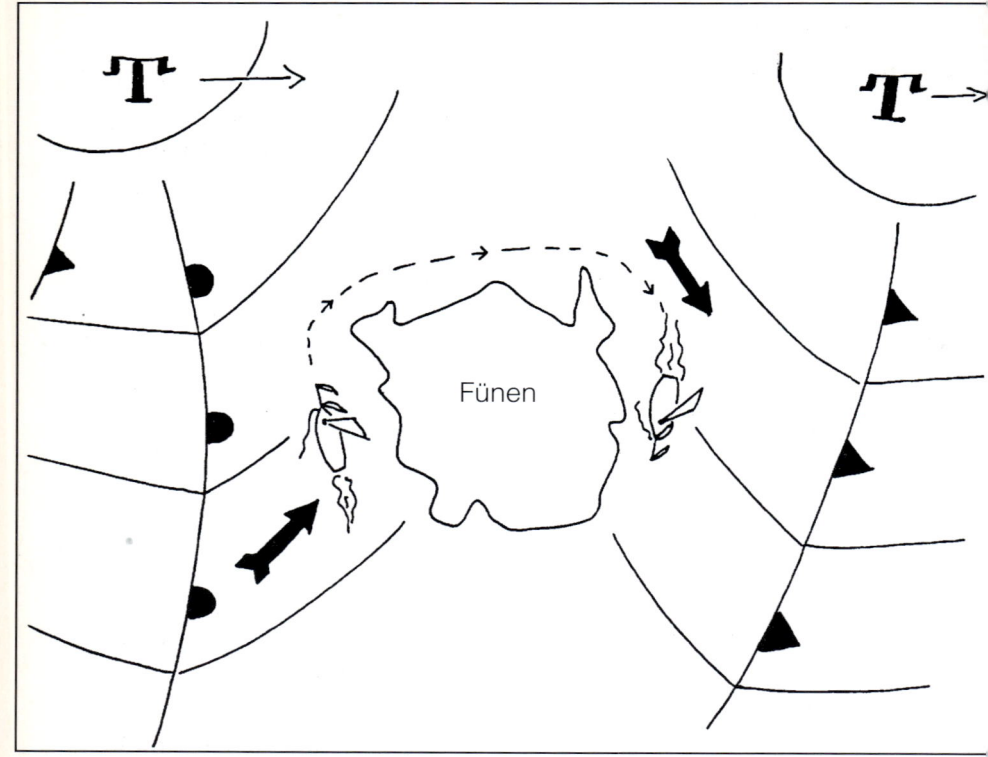

Ausnutzen der Fronten bei der Törnplanung am Beispiel einer Umrundung einer größeren Insel.

Front auszunutzen. Aber warum beispielsweise dem Südwest bei Dauerregen in die Zähne kreuzen, wenn ich nur einen Kajütentag (oder vielleicht nur ein paar Stunden) im gemütlichen Hafen zu warten brauche, um bei Nordwest, Sonnenschein und Backstagsbrise ans Ziel zu kommen.

Die Wetterkarte ist bei solchen Überlegungen ungeheuer wertvoll. Dort erkennt man auch, ob beispielsweise nach dem nächsten Tief mit einem Zwischenhoch Wetterberuhigung einsetzt, oder ob sich nach dem Aufklaren der Rückseite gleich die nächste Warmfront ankündigt.

Bei einem sich nähernden Hoch

Vielleicht zieht auf der Wetterkarte jetzt gerade ein stärkeres Hoch heran. Das bedeutet oft von Nordwest über Nord auf Nordost drehende Winde. Es kommt natürlich darauf an, wo wir den Kern des Hochs erwarten.

Wollen wir beispielsweise nach Anholt, so werden wir natürlich Tag und Nacht die noch günstigen Südwest- und Westwinde nutzen, auch wenn wir dabei etwas naß werden.

Denn wir wissen: Wenn wir warten, bis sich das Hoch stabilisiert, werden wir bald endlos gegen frischen bis starken Nordost aufkreuzen dürfen – wenn wir dann überhaupt noch nach Anholt wollen.

Bei ausgeglichener Wetterlage

Bei einer Wetterlage ohne allzugroße Druckgefälle dreht der Wind in der warmen Jahreshälfte mit der zunehmenden Entwicklung von Cumuluswolken tagsüber langsam bis zu 30° nach rechts, denn die ziehenden Wolken bringen den mehr rechtsgedrehten Höhenwind langsam nach unten. Dabei frischt es immer mehr auf. Man sagt auch, »der Wind dreht mit der Sonne«. Wenn abends die Wolken zusammenfallen, dreht er wieder zurück.

Je nachdem, wo ich hin will, kann ich entweder tagsüber bei kräftigem Wind von Stunde zu Stunde besser anliegen, oder aber ich starte erst am Abend und kann nachts bei mäßigen Winden einen Kurs steuern, den ich tags nicht anliegen kann.

Draußen auf See weht der Wind infolge seiner geringeren Oberflächenreibung etwa 10° bis 20° mehr rechtgedreht als über Land. Entsprechend kann man seinen Kurs in Luv oder in Lee einer Insel, dicht unter Land oder weiter draußen planen.

Das waren nur einige Beispiele von verschiedenen Gestaltungsmöglichkeiten, die sich dem fantasievollen Skipper mit einigen Wetterkenntnissen eröffnen. Aus dem Inhalt dieses Buches ließen sich in Verbindung mit einem Übersegler beispielsweise von Belten und Sund zahllose verschiedene Wetterstrategien ersinnen. Am besten aber fängt man zur Übung einfach mit der aktuellen Wetterlage aus dem nächsten Wetterbericht an.

Kurzgefaßt

Mit Hilfe der eigenen Wetterkenntnisse ist man dem Wetter nicht nur ausgeliefert. Man kann es sich bei seiner Törnplanung auch zunutze machen.

78

Tropische Wirbelstürme

Ich möchte diesen Leitfaden für praxisorientierte Wetterkunde nicht abschließen, ohne zumindest warnend auf diejenige Wettersituation einzugehen, die wohl den Alptraum eines jeden Blauwasserseglers darstellt: den *tropischen Wirbelsturm.* Man kennt ihn auch unter Namen wie *Hurricane, Taifun, Cyclone.* Er dürfte die schwerste Wettergefahr sein, der sich ein kleines oder auch großes Fahrzeug auf See gegenübersehen kann. Jeder Segler, der Fahrten in Gewässer plant, in denen tropische Wirbelstürme auftreten können, sollte sich vorher theoretisch eingehend mit diesem Phänomen auseinandersetzen. Ein genaues Studium der Wetterteile der Seehandbücher der betreffenden Gebiete ist unumgänglich.

Hier einige Tatsachen:
Tropische Wirbelstürme entstehen auf See in den Passatgebieten beiderseits des Äquators in einem Gürtel von gelegentlich sechs bis zu 20 Grad Breite. Das Äquatorgebiet selbst ist wirbelsturmfrei.

Da es Tiefdruckgebiete sind, drehen sie nördlich des Äquators linksherum, südlich des Äquators rechtsherum. Windgeschwindigkeiten von über 200 Stundenkilometern sind in der Nähe des Zentrums keine Seltenheit, Wellenhöhen von 15 Metern normal. Das Zentrum selbst ist windstill. Dort aber treffen die gewaltigen Seen aus allen Richtungen chaotisch aufeinander, und auch große Schiffe können dort einfach zerbrechen. Im allgemeinen ziehen die Wirbelstürme nach ihrer Entstehung erst nach Westen, um dann nach einer bestimmten Strecke je nach Halbkugel nach Nordosten beziehungsweise Südosten umzuschwenken. Extreme Änderungen der Zugbahnen sind aber häufig. Wirbelstürme brauchen zur Entstehung sehr warmes Oberflächenwasser. Daher entstehen sie vor allem während des Sommerhalbjahres der jeweiligen Erdhalbkugel.